BRASSTACTIC!

PREPARÁNDONOS PARA LA SECCIÓN DE METALES

UNA PERSPECTIVA CUBANA

ORESTES MACHADO FERREGURT

2015

Copyright © 2015 Orestes Machado Ferregurt.

Todos los derechos reservados.

Ninguna parte de esta publicación puede ser reproducida en su totalidad o en parte, almacenada en un sistema de recuperación o transmitida en cualquier forma o por cualquier medio, electrónico, mecánico, fotocopia, grabación o cualquier otro sin la autorización expresa y por escrito del autor.

Primera edición: 2015

ISBN: 978-84-608-3513-4

Gran Canaria. España.

A mi padre. Por mostrarme su amor a la música y enseñarme a conquistar metas en la vida.

ÍNDICE

¿Qué es Brasstactic?	1
¿Cómo?	1
¿A quién va dirigido Brasstactic?	1
¿Cómo ponerlo en práctica?	1
¿En qué se inspira Brasstactic?	2
Entonces ¿Es un libro de música cubana?	2
¿Es novedoso Brasstactic?	2
He comprado el libro. ¿Qué beneficios recibo?	3

PRIMERA PARTE

Análisis	5
Análisis teórico	5
Análisis teórico del estilo de la sección de metales de la orquesta de Paulo FG y Su Élite (Cuba) durante el período 1996 – 1998.	5
Género	5
Características musicales de la timba	5
Comparación entre timba y salsa	5
Similitudes	5
Diferencias	6
Principales exponentes	7
Los Van Van	7
NG La Banda	7
La Charanga Habanera	7
Isaac Delgado	8
Manolín el Médico de la Salsa	8

Giraldo Piloto & Klimax	8
Bamboleo	8
Paulo FG y Su Élite	8
Discografía	9
Características musicales de la orquesta de Paulo FG	9
Forma	9
Acompañamiento y efectos rítmicos	10
Influencias	11
La orquesta Opus 13	11
La música norteamericana	12
La música cubana	12
La música clásica	13
La figura de Juan Manuel Ceruto	15
Análisis Auditivo:	17
Notas sobre el estilo de la sección	19

SEGUNDA PARTE

Determinar las dificultades del estilo y realizar un plan de estudio con las posibles soluciones.	21
Dificultades más comunes	21
El picado	21
La resistencia física de la embocadura	22
El registro	23
Ejercicio de ampliación del Registro Central.	25
Indicaciones para su ejecución	25

El control dinámico	25
El aspecto rítmico	27
Tratar con el ego personal	27
Plan de estudio	28
Ejercicio 1. Adquisición de resistencia: notas largas.	29
Indicaciones para su ejecución	30
Respiración	30
Ataque	31
Resonadores	31
Aspectos añadidos de la metodología de Carmine Caruso	31
Práctica sobre una grabación con metrónomo	31
Brasstactic! Long Tones (Partituras)	33
Ejercicio 2: Los Cuatro Modelos	39
Brasstactic! The Four Models. Intervalos de Tercera.	40
Brasstactic! The Four Models. Intervalos de Cuarta.	45
Brasstactic! The Four Models. Intervalos de Quinta.	50
Brasstactic! The Four Models. Intervalos de Sexta.	55
Brasstactic! The Four Models. Intervalos de Séptima.	60

TERCERA PARTE

Trabajo en sección, roles, calentamiento y ejercicios en conjunto.	65
Primer(a) trompeta (Lead Trumpet).	65
Segundo Trompeta	66
Tercera Voz	67
Cuarta Voz	67
Ensayos de la sección	68
Ejercicios de calentamiento	68

Ejercicios para la sección de metales	69
Indicaciones para su ejecución	70
Brasstactic! Section Excersises. Escalas y Acordes	71
Brasstactic! Section Excersises. Variaciones de H. Clarke	73
Brasstactic! Section Excersises. Los Cuatro Modelos	75
Brasstactic! Section Excersises. Ataques y Vibrato	75
Brasstactic! Section Excersises. II - V- I	76
Con La Conciencia Tranquila. Arreglo de metales. Trompeta 1	79
Con La Conciencia Tranquila. Arreglo de metales. Trompeta 2	81
Con La Conciencia Tranquila. Arreglo de metales. Saxofón Tenor	83
Con La Conciencia Tranquila. Arreglo de metales. Trombón	85
RESUMEN	87
ANEXOS	89
La trompeta en la timba (Breve Resumen)	89
Antecedentes	89
Corrientes estilísticas	89
Trompetistas destacados antes de 1959	90
Trompetistas destacados de la timba	93
Relación de entrevistados para el trabajo de investigación	95
Imágenes	96
Listado de temas de referencia y ejemplos de acompañamiento rítmico	100
REFERENCIAS BIBLIOGRÁFICAS	101
Libros	101
Artículos de revistas y capítulos de libros	101
Recursos electrónicos	101

Agradecimientos

En primer lugar doy gracias a Dios por la ayuda de tanta gente buena en la investigación sobre la cual se fundamenta este libro. Ellos son: Juan Manuel Ceruto, Alexander Abreu, Igort Rivas, Julio Montalvo, Carmelo André, Luis Eric González, Carlos Pérez, Luis "Papo" Márquez y Amaury Pérez. Gracias también a Calixto Oviedo, Tom Walsh, Dan Fornero, Luis Aquino y Jordi Albert por sus aportaciones, consejos y ayuda.

A todos los profesores del Conservatorio Superior de Música de Canarias, por sus enseñanzas y paciencia conmigo. Gracias a Nikoleta Popova por su aportación, gracias también a Sebastián "Chano" Gil por la tutoría del trabajo, las clases de trompeta y los buenos consejos.

Muchísimas gracias al Sr. Kevin Moore, sin su ayuda y aportación de material hubiese sido muy difícil llevar este proyecto a buen puerto.

Gracias a mis amigos por resistir mis conversaciones monotemáticas y como no, a toda mi familia, sin ellos nada de esto tendría sentido.

Y por último, gracias a usted por leerme, espero que estas líneas le sean útiles.

Prefacio

"¿Cómo te atreves a escribir un método acerca del trabajo en sección? Nadie te tomará en serio, todo el mundo afirma que sabe tocar bien en ese contexto. Existe mucha información al respecto, además, no eres tan bueno, eso es cosa de las estrellas del instrumento".

Sí, palabras como estas dejan al ego apaleado y lloroso en la habitación que suele compartir con la fuerza de voluntad. Algunas de ellas provienen de personas con el afán de ayudar, de protegerme y no verme fracasar en un mercado pequeño y muy competitivo, otras provienen de mi propio razonamiento autocrítico.

Pero no puedo escucharles, me empuja la necesidad de añadir mi voluntad a la de aquellos que buscan suplir desde todos los puntos de vista las necesidades de las nuevas generaciones de trompetistas, esos que terminan los estudios clásicos con más dudas que certezas, esos que sueñan con una beca en una institución de música popular o aquellos músicos que aun estando en activo desean o necesitan experimentar cosas nuevas.

También me impulsa el deseo de dar a conocer una de las tantas perspectivas cubanas de la ejecución de la trompeta y el trabajo en sección. No es que considere que sea la mejor de las perspectivas, es que entiendo que su génesis fue planificada a partir de un modelo norteamericano muy específico añadiéndole elementos y experiencia cubanos, y gracias a esa mezcla sus resultados no sólo fueron satisfactorios, sino que además son en buena medida extrapolables a varios contextos musicales.

Si bien el libro le invita a sistematizar su estudio personal a partir de las dificultades que pueda ocasionarle la interpretación de un estilo, no es un método convencional; surge a partir de un trabajo de investigación cualitativa y como tal mantiene buena parte de ese carácter. Mientras avance en la lectura encontrará distintos puntos de vista acerca de varios temas relacionados con el trabajo en sección provenientes tanto de músicos cubanos entrevistados: Juan Manuel Ceruto, Alexander Abreu, Igort Rivas, Julio Montalvo, Carmelo André, Luis Eric González, Carlos Pérez, Luis *"Papo"* Márquez, Amaury Pérez. Como de trompetistas foráneos como Bobby Shew, Luis Aquino, Jordi Albert o Sebastián Gil. Además, he añadido una serie de ejercicios para practicar tanto individualmente como en sección que espero le sean de provecho.

Le aseguro que cada palabra aquí escrita lleva consigo el tono de una conversación distendida, franca y respetuosa, la misma que podemos tener en alguna esquina tomando un café. De modo que si le es útil mi aportación a la enseñanza del instrumento le agradezco un mensaje, un comentario, hágalo con toda confianza.

Orestes Machado Ferregurt. Gran Canaria. Septiembre 2015.

Introducción

¿Qué es Brasstactic?

Brasstactic es un sistema de estudio que pretende orientar al trompetista durante su preparación para tocar en una pequeña sección de metales dentro del contexto de la música popular.

¿Cómo?

A través del análisis de estilos de interpretación, trabajando técnicamente los diversos aspectos que los conforman y finalmente poniéndolos en práctica a través de ejercicios en sección.

¿A quién va dirigido Brasstactic?

Brasstactic está dirigido al menos hacia cuatro grupos diferentes de individuos:

- Alumnos de trompeta que culminan sus estudios clásicos con el propósito de experimentar o tener éxito laboral como músico de sección en diferentes contextos dentro de la música popular.

- Profesores de trompeta, para su uso como material complementario a la enseñanza.

- Secciones de metales ya constituidas que busquen mejorar su sonoridad, desempeño y abarcar diferentes estilos musicales.

- Trompetistas en activo interesados en experimentar con nuevos estilos.

¿Cómo ponerlo en práctica?

Su implementación se divide en tres partes fundamentales.

- La realización de un análisis teórico y auditivo de un estilo de interpretación determinado.

- Localizar los aciertos y las dificultades personales para ejecutar el estilo analizado y realizar un plan de estudio para abordarlas.

- Su aplicación en el trabajo en sección. (Roles de cada músico, calentamiento y ejercicios en conjunto).

Durante el proceso de implementación del sistema Brasstactic el alumno clásico deberá ser consciente de las necesidades estilísticas o metas por las cuales llevará a cabo su puesta en práctica así como realizar un análisis teórico y un plan de estudio (preferiblemente con la ayuda de su profesor). En el caso de los trompetistas en el ámbito de la música popular, o de las secciones de metales en activo este libro aporta una serie de ejercicios que podrían añadirse a sus respectivas rutinas de estudio para igualmente responder a necesidades estilísticas o metas personales.

¿En qué se inspira Brasstactic?

Brasstactic está inspirado fundamentalmente en el trabajo realizado por el saxofonista, productor y arreglista cubano Juan Manuel Ceruto con la sección de metales de una orquesta conocida como Paulo FG y Su Élite durante el período 1996 – 1998; agrupación que fue uno de los pilares de un movimiento musical cubano conocido como *la timba*[1].

Mediante el análisis de entrevistas a los trompetistas miembros de esa orquesta durante ese período, a su director musical y a otros músicos que se relacionaron de un modo u otro con este último, fue posible determinar que el estilo y métodos de trabajo de la sección de metales de Paulo FG constituyeron en la práctica una metodología que ha dado frutos positivos en las carreras de los músicos que formaron parte de esta agrupación. Estos métodos de trabajo provienen fundamentalmente de la concepción musical de Juan Manuel Ceruto.

Otro resultado del análisis de las entrevistas revela que las herramientas de estudio usadas por los trompetistas de esta orquesta durante esa época fueron un complemento a su formación clásica, y que su trabajo en sección es en buena medida similar al que conocemos en el ámbito académico como práctica de conjunto, asociado a los estándares de la música de cámara en su formato clásico. Sin embargo, desde los años 90 el patrón de enseñanza, práctica y ejecución de estas herramientas se ha transmitido de una generación a otra de músicos en Cuba de forma oral y un tanto desorganizada. Es precisamente ese patrón de enseñanza (junto a otras fuentes de información y ejercicios creados por mí) el que he sistematizado y bautizado como Brasstactic.

Entonces ¿Es un libro de música cubana?

No precisamente, si bien buena parte del mismo se basa en un trabajo hecho en Cuba no es un método de música cubana, es un sistema de estudio que pretende orientar al músico durante su preparación para el trabajo en una sección de metales independientemente del género que se interprete. Es el músico el que decide el género, el estilo de interpretación; Brasstactic intenta ser útil como consejero y guía para llegar a su meta.

¿Es novedoso Brasstactic?

El rol de un músico dentro de una sección de metales es un tema sobre el cual se ha escrito mucho desde diversas perspectivas, de modo que no creo que lo que expongo en este libro sea algo totalmente nuevo en esta materia. Sin embargo, a pesar de toda la información disponible es difícil encontrar una metodología concreta o ejercicios concebidos para pequeñas secciones de metales. Lo novedoso de Brasstactic es que sintetiza y sistematiza buena parte de la información disponible, facilitando así la organización del estudio personal y colectivo, además de aportar ejercicios para tal fin.

---

[1] Etimológicamente hablando, según Moore: «*la palabra timba es parte de una larga familia de palabras de origen africano que encontraron su sitio dentro del castellano. Entre cientos de otros ejemplos están las palabras: tumba, rumba, marimba, kalimba, mambo, conga y bongó*». En el mismo libro Moore nos habla del uso del término dentro de la música cubana. Afirma que: «*al menos desde 1943 la palabra timba fue usada en letras y títulos de canciones como el tema Timba Timbero de la orquesta Casino de la Playa* (audio 01) *y Timba Timba, de Pérez Prado* (audio 02). *También es el nombre de un barrio de La Habana. Su primer uso como el nombre de un género musical fue alrededor de 1988, primero como timba brava. Muchos, el más famoso el líder de NG la Banda Jose Luis «El Tosco» Cortés, reclaman el crédito de ser el primero en usar el nombre para describir al nuevo fenómeno musical*». (Moore, Kevin (2010: 11). Beyond Salsa Piano. The Cuban Timba Piano Revolution.v.5 Introduction to Timba).

He comprado el libro. ¿Qué beneficios recibo?

¡Enhorabuena y muchas gracias! Con este libro podrá analizar y trabajar individualmente diversos aspectos como el fraseo, la afinación, la emisión, los ataques, la resistencia física de la embocadura o el registro.

- Si eres un alumno de trompeta clásica este sistema puede ayudarte a diseñar un plan de estudio que te facilite un acercamiento a la música popular.

- Si es usted profesor ha adquirido un material complementario que le permitirá interactuar con el alumno, no solo supervisando su estudio individual en esta área sino además practicando juntos los ejercicios incluidos en el libro.

- Si es un profesional en activo que digamos pretende acceder a una universidad de renombre, o que sencillamente desee o necesite mejorar su desempeño como músico de sección este libro podría ser su aliado.

- Si es parte de un grupo de amigos que han decidido formar una sección de metales, este método les puede orientar a organizar el trabajo de cada uno de sus miembros de acuerdo a sus necesidades. Además, aplicando los ejercicios incluidos en este libro lograrán mejorar la sonoridad, la precisión, la afinación, etc.

PRIMERA PARTE

Análisis teórico y auditivo

Para definir un estilo musical es necesario reconocer una serie de patrones formales, rítmicos y armónicos que permitan delimitar lo que escuchamos para poder catalogarlo. Esto es posible mediante un análisis teórico y auditivo del estilo que queremos abordar.

Análisis teórico. Si pretende interpretar un género le sugiero que no tome a la ligera la necesidad de investigar sobre el mismo, conocer sus raíces, sus principales exponentes, etc. Mientras más conocimiento adquiera sobre un género más elementos podrá aportar como músico a la hora de interpretarlo.

Ejemplo: Realizaremos un análisis teórico del estilo de la orquesta de Paulo FG y Su Élite (Cuba) durante el período 1996 – 1998. (Nota: debido al relativamente bajo nivel de conocimiento acerca de la timba me extenderé en algunos puntos para facilitar su comprensión).

Género: Música cubana, timba, movimiento musical popularizado durante la década de los 90 del pasado siglo en Cuba. Fenómeno socio cultural de raíces urbanas, principalmente afrocubanas, pero con influencias de la música clásica, la rumba, el jazz, el funk, el rap, etc.

Características musicales de la timba: incorporación gradual de nuevas maneras de tratar los planos y contrastes rítmicos, exacerbada tensión y sonoridades agresivas, dislocación de elementos […] González y Casanella (2002).

Comparación entre timba y salsa

Siendo la salsa un producto indiscutiblemente más comercializado que la timba por lo general es usado como referencia cuando se habla de música latina. Por ello intentaré facilitar la comprensión de los rasgos estilísticos más significativos de la timba a través de una breve comparación de la misma con la salsa.

Similitudes

Las similitudes más evidentes entre ambas están recogidas a continuación en la tabla 1.1.

Tabla 1.1. *Similitudes entre salsa y timba.*

Similitudes entre salsa y timba
Comparten la clave del son y de la rumba como patrones rítmicos de base.
Usan la forma del son.
Ambos usan el formato instrumental del conjunto de son, añadiendo el timbal, los saxofones y los trombones. (Existen también secciones exclusivamente de trombones).
La alternancia solista coro.
El uso de ritmos sincopados.
Los tempos de los temas.
La temática de las canciones (salvando las diferencias de contexto) casi siempre de corte social o amoroso.

Diferencias

Las diferencias más notables de la timba con respecto a la salsa se hacen más evidentes en el acompañamiento del montuno, donde se puede apreciar como en la timba «se expande el rango expresivo del piano, del bajo y de las congas» (Moore, 2012:27).

A continuación, en la figura 1.1 se puede apreciar un fragmento de un tema de salsa donde el bajo (pentagrama inferior) mantiene un patrón de acompañamiento de ritmo estable basado en el tresillo, en tanto el piano (pentagrama intermedio) nos indica de manera clara que clave está siendo usada (pentagrama superior).

Figura 1.1. Fragmento de un tema de salsa. (Audio 03)

En cambio, en la timba los roles se cambian pues el bajo está más alineado con la clave dejando espacio y libertad al pianista, tal y como se puede ver a continuación en la figura 1.2.

Figura 1.2. Fragmento de un tema de timba. (Audio 04)

En el caso de las congas o tumbadoras, durante el montuno el patrón de acompañamiento de este instrumento en la salsa suele ser estable, sin muchos cambios. Sin embargo en la timba no es así, la conga juega un papel tanto rítmico como melódico y muchos instrumentistas idearon sus propios acompañamientos.

Otra diferencia fundamental es un patrón de acompañamiento en el bombo que es único en la timba, el mismo está ejemplificado en la figura 1.3, donde se puede apreciar en el pentagrama superior la clave de guaguancó y en el inferior el patrón del bombo usado en la timba, el cual varía según el estilo de acompañamiento de la orquesta.

Figura 1.3. Patrón de bombo en la timba. (Audio 05).

Y por último el uso de bloques o efectos de la base rítmica. Tanto la salsa como la timba los usan, pero mientras que en la salsa los bloques suelen ser entre secciones, en la timba su uso es más extendido a lo largo del tema, aunque preferente en el montuno, donde en ocasiones son ejecutados a petición del cantante o director musical. Tanto la denominación como la ejecución de los mismos varían de acuerdo a la orquesta, siendo estas variaciones determinantes pues suelen definir el estilo de acompañamiento de las bandas de timba. Los efectos de acompañamiento de la base rítmica usados en la orquesta de Paulo FG serán ejemplificados detalladamente más adelante.

Principales exponentes

Los Van Van

Su director, Juan Formell, fue un auténtico cronista de la calle, alguien con la habilidad de escribir canciones que inmediatamente eran asimiladas por el público. A partir de 1969 fusionó la música cubana con el pop norteamericano enriqueciendo la armonía, añadiendo los sintetizadores y trombones al formato de charanga[2] y creando junto al percusionista José Luis Quintana, *Changuito*, un ritmo fundamental en la música cubana contemporánea, el *Songo* (Audio 06). Su estilo no es cien por ciento timba, pero asimilaron muchos elementos de la misma, logrando un nivel de popularidad que perdura tras el paso de los años. (Audio 07).

NG La Banda (Audio 08)

La decana de las orquestas de timba. Fue fundada en 1988 por José Luis Cortés, *El Tosco,* quien combinó en ella la capacidad de Van Van de plasmar la realidad social con las orquestaciones y el virtuosismo de Irakere. El resultado fue explosivo desde el punto de vista musical y con mucho éxito de público. Tanto la orquesta como la figura de su director constituyen la piedra angular del movimiento de la timba. (Audio 08)

La Charanga Habanera (Audio 09).

Fundada en 1988 inicialmente con el formato de charanga para actuar en el *Sporting Club* de Montecarlo, Mónaco, donde compartían escenario con artistas como Stevie Wonder, Kool and the Gang, Blood, Sweat and Tears, etc.

Esta experiencia les llevó a crear una fusión entre música y espectáculo, además de realizar importantes aportes estilísticos a la timba.

---

[2] Agrupación de música popular creada en Cuba a finales del s. XIX. La componen flauta, violines, contrabajo, timbales y güiro.

Isaac Delgado (Audio 10)

Uno de los artistas cubanos más conocidos fuera de la isla. Todas sus producciones destacan por su calidad y equilibrio entre la timba y la salsa. Ha procurado trabajar con productores, arreglistas y músicos que le ayuden a cumplir esa meta. Algunos de esos nombres son Giraldo Piloto, Joaquín Betancourt, Juan Manuel Ceruto, Alain Pérez, Iván 'Melón' Lewis, Sergio George, etc.

Manolín el Médico de la Salsa (Audio 11)

Le aporta a la timba tanto sus composiciones como los coros hablados a modo de rap. Su popularidad fue tal, que un buen número de orquestas no solo intentaron emular su fórmula sino que además procuraron hacerle competencia a través de la crítica abierta. El propio Manolín dejó constancia de ello en un coro improvisado durante uno de sus conciertos y cito:

«*Se olvidaron de componer, ahora la moda es decirme cosas. ¡Cayeron en la trampa! (Y se habla a si mismo) ¿Pero qué trampa? ¡Si tú no cantas!*».

Giraldo Piloto & Klimax (Audio 12)

Giraldo Piloto es una figura fundamental para la timba, aportándole su estilo como orquestador, compositor e instrumentista. En 1995 funda su propia orquesta, Klimax. Desde entonces mantiene un sello único en el que destaca la calidad de su propuesta musical, siempre con arreglos muy bien logrados y un repertorio que abarca desde el Jazz hasta lo bailable.

Bamboleo (Audio 13)

Una de las orquestas que en los 90 se procuró un espacio dentro del movimiento timbero con un sello sonoro propio. Su segunda producción *Yo no me parezco a nadie* tuvo un alto nivel de popularidad.

Paulo FG y Su Élite

Orquesta objeto del análisis. Su líder, Paulo Fernández Gallo nació en 1962, comenzó su carrera profesional como parte de la orquesta de Adalberto Álvarez, luego en Dan Den, orquesta con la que popularizó varios temas. En 1990 se unió a Opus 13 y en 1991 luego de la disolución de dicha orquesta tanto Paulo como muchos de los músicos pasaron a formar parte de un nuevo proyecto, La Élite.

Para ello Paulo le pidió al también saxofonista y flautista de Opus 13, Juan Manuel Ceruto que se encargase de la dirección musical y de los arreglos de la nueva banda. En el proceso de creación de la orquesta Paulo compartía ideas que Ceruto arreglaba y orquestaba.

El debut de La Élite fue el 19 de Abril de 1992 en el hotel Neptuno, La Habana, Cuba.

Discografía

La discografía de la orquesta hasta la fecha está recogida a continuación en la tabla 1.2.

Tabla 1.2 *Discografía de Paulo FG*

Discografía de Paulo FG
Tú no me Calculas [LP] [CD] La Habana: EGREM (1993)
Sofocándote [CD] La Habana: Bis Music. (1994)
El Bueno Soy Yo [CD] La Habana: EGREM (1996)
Con la Conciencia Tranquila [CD] La Habana: Nueva Fania (1997)
Tributo a Tito Rodríguez. La Habana: Nueva Fania (1998)
Una Vez más Por Amor [CD] La Habana: EGREM (2000)
Te Deseo Suerte [CD] La Habana: Abdala (2002)
Ilusión [CD] La Habana: Bis Music (2005)
Un Poquito de To' [CD] La Habana: Bis Music (2006)
Sin Etiqueta [CD] La Habana: Paulo FG (2010)
Abre que Voy [CD] La Habana: Paulo FG (2013)

Características musicales

Forma: Ya dijimos que tanto las orquestas de timba como las de salsa comparten el uso de la forma del Son, la cual es binaria. (A.B) Para facilitar su comprensión resumimos las secciones típicas de un arreglo de timba para los discos en la tabla 1.3.

Tabla 1.3. *Secciones típicas de un arreglo de timba*

Secciones típicas de un arreglo de timba (para los discos)	
Cuerpo. A.	
Introducción:	Pasaje instrumental generalmente de corta duración.
Cuerpo A:	Primera parte de la canción donde el carácter de la misma suele ser calmado, exponencial.
Cuerpo B etc.	El cuerpo de la canción tendrá varias formas dependiendo de la forma de la canción misma. AB, ABA, etc.
Puente:	Pasaje instrumental de corta duración que conecta el cuerpo con el montuno.
Montuno. B	
Coro 1:	Alternancia solista coro. También conocidos como coros y guías o pregones.
Mambo 1:	Pasaje de los metales con o sin la presencia de coros o del solista.
Coro 2:	Un coro diferente, generalmente con una secuencia armónica distinta.
Mambo 2:	Otro pasaje de metales sobre la nueva secuencia armónica.

Solos Instrumentales:	En el montuno suele haber solos instrumentales de los metales o la percusión.
Coro 3:	En versiones de estudio no es frecuente pero si en directo, donde se improvisaban coros constantemente.
Mambo 3:	En directo para cada coro nuevo se improvisaba un mambo.
Coda	
Coda:	Generalmente un pasaje instrumental con protagonismo de los metales, o una repetición de la introducción, o incluso un coro a capella. En directo muchas veces luego de la coda se volvía al montuno con el coro más popular.

Tabla 1.3. *Secciones típicas de un arreglo de timba* (Continuación) *Nota.* Recuperado de Moore. K. (2012) *Beyond Salsa For Ensemble. A guide to the modern Cuban Rhythm Section.* Traducción del investigador.

Acompañamiento y efectos rítmicos

Una de las características musicales que definen el estilo de acompañamiento de una orquesta de timba es el tipo y la ejecución de los efectos de la base rítmica. La comprensión de los mismos era crucial para los músicos de la sección de metales quienes debían estar atentos para interactuar con el resto de la orquesta y responder de manera inmediata a las señas del cantante y del director musical. A continuación, en la tabla 1.4 describo los efectos de acompañamiento usados en la orquesta de Paulo FG incluyendo su denominación, explicación y las señas particulares del cantante para indicar la ejecución de algunos de ellos en directo.

Tabla 1.4. *Segmentos de acompañamiento rítmico en la orquesta de Paulo FG*

Segmentos de acompañamiento rítmico en la orquesta de Paulo FG		
Nombre	*Descripción*	*Señalización en directo*
Efecto o bloque	Figura rítmica ejecutada por parte o toda la base rítmica. (Audio 1.0.)	
Marcha	Patrón de acompañamiento rítmico estándar del montuno. (Audio 1.1.)	Palma de la mano abierta verticalmente y movimiento descendente de la misma.
Marcha arriba	Variación del patrón de acompañamiento durante los coros y las guías de improvisación del solista. Se le unen a la marcha de congas y de bajo las dos campanas ejecutadas bien por el bongosero y el timbalero o solo por este último. (Audio 1.2.)	
Mambo	Pasaje de los metales con o sin coro. (Audio 1.3.)	Mano extendida hacia la sección de metales con movimiento horizontal.

Marcha de mambo	Variación de la marcha usada cuando intervienen los metales. Aumenta la intensidad de la banda en tanto que el baterista cambia de las campanas al platillo donde ejecuta una serie de ritmos para acompañar las frases del mambo mientras que la conga realiza un pequeño solo, regularmente justo antes de la repetición del mambo. (Audio 1.4.)	
Cortar coro y mambo	Usualmente un coro largo se acortaba cantando sólo la última frase del mismo, automáticamente el mambo sufría el mismo cambio. (Audio 1.5.)	Mano extendida hacia arriba y acción de cortar como una tijera con los dedos índice y pulgar.
Pedal	Recurso que toma su nombre y concepto musical del órgano Barroco (notas graves ejecutadas por pedales). En FG el bajo sostenía notas largas con movimiento de las mismas para coincidir con la armonía y el ritmo. (Audio 1.6.)	El puño a un lado y movimiento de los dedos hacia el exterior como una estrella.
Songo con efectos	Efecto en el cual el bajo interrumpe el tumbao y ejecuta un motivo que se repite cada cuatro compases mientras que la percusión ejecuta el ritmo de songo con efectos de tumbadoras. (Audio 1.7.)	Giro del cuerpo con las manos cerca del piso y el uso de la expresión ¡Recógete!
Bomba	Patrón de acompañamiento que toma su nombre y ciertas características del ritmo puertorriqueño, principalmente aplicados en la batería. La manera más fácil de reconocerlo es escuchar al bajo, el cual golpea con la mano abierta las cuerdas y la desliza descendentemente. (Audio 1.8.)	Un solo dedo agitado paralelo al suelo.
Bajar la banda	Efecto de dos corcheas ejecutado sobre el último tiempo del compás para disminuir la intensidad dinámica de la marcha de modo inmediato. (Audio 1.9.)	Dos dedos en forma de 'V' levantados por encima de la cabeza, en ocasiones acompañada de expresiones como 'dame dos' o 'bájame la banda'.

Tabla 1.4. *Segmentos de acompañamiento rítmico en la orquesta de Paulo FG.* (Continuación) *Nota:* Resumen de Moore. K. (2011) Timba Gears "Reeling In The Gears". Traducción, Orestes Machado).

Influencias

De acuerdo a los datos extraídos de las entrevistas realizadas, las influencias de esta la orquesta fueron fundamentalmente tres: la música clásica, la música norteamericana y la propia música cubana.

La orquesta Opus 13

Atendiendo a conceptos tales como sonoridad, estilo y los músicos que la conformaron, se puede afirmar que la orquesta de Paulo FG y su Élite fue una continuación natural de Opus 13. Esta agrupación se fundó en la Escuela Nacional de Arte (ENA) durante la década de los años 70 con el nombre de Treceto de la ENA y sus integrantes eran alumnos del citado centro de enseñanza.

De acuerdo a Acosta (2012) Opus 13 pudo haber sido una alternativa a la sonoridad de Irakere, y cito:

Opus 13 logró convertirse en una de las agrupaciones más impresionantes que se presentaron en los festivales Jazz Plaza entre 1980 y 1990. Su repertorio estaba de lleno dentro del Jazz afro latino, con brillantes orquestaciones, solistas de primera línea y una explosividad capaz de mantener en vilo a cualquier público. Luego comenzaron a incursionar en la música bailable dentro de la llamada salsa cubana, y por razones al parecer personales la agrupación se disolvió. (p.238).

Esta banda grabó cinco discos, los títulos están recogidos a continuación en la tabla 1.5.

Tabla 1.5. *Discografía de Opus 13*

Discografía de Opus 13
Para una Mulata Tropical. [LD] La Habana. EGREM (1980).
Que Llueva de Una Vez. [LD] La Habana. EGREM (1985).
Merengue a Kilo. [LD] La Habana. EGREM (1987).
Reclamo Por Tu Cuerpo. [LD] La Habana. EGREM (1991).
La Dama del Son. [LD] La Habana. EGREM (1992). Con la cantante Jacqueline Castellanos.

En el disco *Reclamo por tu Cuerpo* el cantante de la orquesta era ya Paulo FG. Además en este trabajo el estilo de la sección de metales de lo que sería La Élite estaba prácticamente definido pues Ceruto fue fundador de esta orquesta y durante su entrevista afirma que en Opus 13 comenzaron a experimentar con las sonoridades de las bandas de Soul y Funk que les llegaban desde los Estados Unidos. (Audio 14).

Opus 13 estuvo dirigida por uno de los productores y arreglistas más prolíficos de la música popular bailable en Cuba, el violinista Joaquín Betancourt Jackman.

La música norteamericana

Ya hemos mencionado que desde sus días en Opus 13 Ceruto tomó muchos elementos de bandas norteamericanas de los años 70 y los 80 como Earth Wind and Fire; Chicago; Tower of Power; Blood, Sweat & Tears; entre otras. En el caso que nos ocupa, tanto el formato instrumental de la sección de metales de La Élite así como su sonoridad eran bastante similares a las secciones de las agrupaciones citadas con antelación. Por su parte los músicos de la sección manifestaron haber usado métodos de estudio norteamericanos para su formación técnica de cara a tocar en las orquestas y casi todos citan la influencia del Jazz o de sus formatos, como los Big Band, como influencias fundamentales en sus carreras.

La música cubana

Los músicos entrevistados afirmaron tener influencias del estilo de interpretación de los trompetistas de orquestas cubanas con el formato de Big Band, algunas de ellas fundadas desde 1930, también manifestaron estar influenciados por las secciones de trompetas de los Conjuntos de Son, y luego de 1959, por bandas como Irakere, El grupo Afro Cuba, NG La Banda. Y el antecesor directo de La Élite, la orquesta Opus 13. (Véase, anexos: la trompeta en la timba).

La música clásica

El movimiento de la timba en su conjunto recibió influencias de la música clásica a través de un significativo número de músicos egresados de las escuelas de arte.

Luego del 1959 tras alinearse con el ahora desaparecido campo socialista, el gobierno cubano copió el modelo soviético de educación donde se captaban a niños con vocación artística o deportiva por todo el país para ofrecerles una educación en escuelas especializadas.

Para ayudar a lograr dicho cometido llegaron a Cuba una serie de profesores que provenían de países del este europeo y de la entonces Unión Soviétic,a quienes conformaron junto a los profesores cubanos el sistema nacional de escuelas de arte tal y como lo conocemos hoy.

Aclaro que con anterioridad a 1959 hubo muy buenas escuelas de arte en el país, donde se graduaron excelentes músicos, pero es un hecho que la masificación de esa enseñanza en la isla ocurrió tras la creación del mencionado sistema educativo.

Durante sus días como estudiante de la ENA Juan Manuel Ceruto fue alumno de uno de estos profesores europeos. Durante su entrevista le cita como una de sus más grandes influencias para luego concebir la música popular, se refería a un profesor de Fagot y Práctica de Conjunto de origen búlgaro cuyo apellido era Kirov y cito:

Era un quinteto de viento, yo tocaba flauta. Kirov era una excelente persona y un gran profesor, fue él quien me enseñó a escuchar, hacía mucho hincapié en que nos escucháramos todos, ese es el secreto, es música de cámara. Eso se instruye, se practica hasta tomar conciencia de ello, estuvimos cuatro años tocando obras de Haydn, de Mozart, de todo el mundo. Música Clásica, ahí está la historia, de todo esto es responsable el profesor Kirov, al menos en mi formación, el oír a los demás. (Ceruto, JM, comunicación personal, 15 de noviembre del 2014)

Además, tanto en los ensayos como en las grabaciones Ceruto usa el recurso de la evocación de imágenes en el músico para lograr la interpretación deseada. No me consta que conozca la raíz de esta técnica de dirección, o si le fue enseñada por el profesor Kirov en la ENA, pero gracias a la colaboración de Nikoleta Popova, profesora de coro del Conservatorio Superior de Música de Canarias (CSMC) pude tener acceso a la fuente de este recurso, el cual proviene de la escuela rusa de dirección en la persona de Ilya Musin[3] y le cito:

El gesto del director puede reflejar casi todos los sentimientos humanos. Es por ello que recomendamos que el director ponga un significado a cada frase con algún término que refleje el carácter de la emoción en la pieza, determinando de este modo también su actitud hacia esta. Es necesario localizar también los cambios de los sentimientos, su fortalecimiento o debilitamiento, las transiciones en un nuevo estado de ánimo, etc. [...] El director tiene que dirigirse no solo a la mente, sino también a las emociones de los músicos. Es bueno, cuando explica un color, aunque sea con una palabra, añadir una imagen a la visión de un forte o piano, por ejemplo «misterioso», «cansado», «sin vida», etc. (Musin, 1967: 265, 277).

---

[3] Director de orquesta ruso, profesor y teórico de la dirección orquestal.

Al respecto Alexander Abreu[4] afirma que para la introducción del tema *Entre dos Amigos,* (Fig. 1.4.) pasaje que consta de un motivo de tres corcheas que se desarrolla paulatinamente; Ceruto les decía que en las dos primeros compases que contienen el motivo «*va amaneciendo, es el alba*» en el tercer y cuarto compás «*sale el sol*» en el quinto y sexto «*sale un poco más*» luego en el séptimo compás llegaba el clímax y decía «*aquí es el mediodía*»y justo en la segunda parte de la frase, en el octavo compás les decía «*aquí se pone el sol*» indicando así un decrescendo para dar paso al cantante. Utilizando esta metodología evitaba el uso de un lenguaje técnico complicado y lograba resultados casi inmediatos en el trabajo en conjunto. (Audio 15).

Fig. 1.4. Introducción de Entre dos Amigos con una recreación acerca del empleo del método de Musin por parte de Ceruto así como una dinámica aproximada asociada a su interpretación

A través de los años Ceruto ha intentado transmitir estos conocimientos no solo durante su etapa como director de La Elite sino también en su labor como productor. Uno de los músicos entrevistados, el trombonista Amaury Pérez Rodríguez, quien ha estado junto a Ceruto como miembro de su equipo de grabación de manera permanente durante varios años y es actualmente miembro fundador de la orquesta Havana D'Primera afirma al respecto:

La filosofía de Ceruto es el ensemble y la afinación así como la interpretación de su música con el sonido correcto, esto requiere un dominio técnico exquisito del instrumento además de las cualidades musicales e interpretativas, el siempre admira la ductilidad sonora del individuo como carta de presentación. Como músico de formación académica y clásica enfoca su trabajo en el lenguaje de la comunicación entre los instrumentos que intervienen en la obra, esto es semejante a la música de cámara. Exige el balance sonoro en la cuerda (sección), la afinación de manera incisiva, la dinámica y constantemente te exhorta a que siempre lo puedes hacer mejor de lo que a ti te pueda parecer casi perfecto. Ha sido escuela para nosotros en este difícil mundo de las sesiones de grabación. (Pérez, A, comunicación personal, 01 de diciembre del 2014).

---

[4] Abreu Manresa, A. Cienfuegos, Cuba. Uno de los trompetas más reconocidos de la isla en el ámbito de la música popular. Ha grabado cerca de un centenar de discos como músico de sección. Actualmente lidera como cantante su propia orquesta, Havana D'Primera con la que ha editado tres discos hasta la fecha.

La figura de Juan Manuel Ceruto

Ceruto es considerado junto a Joaquín Betancourt Jackman, Juan Formell, Germán Velazco, Adalberto Álvarez, Jose Luis Cortés, Chucho Valdés, entre otros, uno de los más prolíficos productores de música popular bailable en Cuba en los últimos 35 años.

Su concepción sonora de una orquesta así como las herramientas o conceptos que utiliza para lograr dicha sonoridad son el eje sobre el cual gira este libro. Además, varios músicos que han trabajado con él agradecen su influencia, eso sí, aclarando que sus métodos de dirección eran severos.

Desafortunadamente no es una persona que guste mostrarse a los medios (Para entrevistarle fue difícil convencerle y tras recibirme solo aceptó grabar la entrevista en formato de audio) de modo que su presencia en las redes sociales y demás formatos digitales es mínima.

Respecto a este particular manifestó en su entrevista que a su juicio lo importante no es su propia opinión respecto a su trabajo, sino aquello que los demás opinen del mismo. Respetando su criterio decidí entonces citar las opiniones de músicos que trabajaron bajo su dirección y la de otros que han sido influidos por su trabajo.

- Luis Eric González[5]:

Ceruto me enseñó muchas cosas, a tocar en cuerda, a escuchar a los demás, el fraseo, la afinación, el estilo. Su trabajo en La Élite fue una continuación del que venía realizando con Joaquín Betancourt en Opus 13. Se especializó en hacer sonar la sección de metales. Ha formado a muchos músicos, y lo que aprendí con él me ayudó a llegar a Earth Wind and Fire. (González, L, E, comunicación personal, 05 de mayo del 2015).

- Carmelo André[6]:

Juan Manuel Ceruto; deberían meterlo en esta historia de hacer música para estos muchachos que tienen veinte y tantos años que sí, son buenos, pero no puedes hacer un jazz band con ellos, y no porque no lean, son magníficos, pero cuando van a tocar no hay interpretación ninguna. Y no digo que nuestra generación sea mejor que esta, lo que si éramos era más disciplinados. Cuando se tiene disciplina para tocar se es una estrella sin serlo por eso La Elite llegó a sonar tan bien teniendo músicos que no eran virtuosos, que no eran estrellas, esas están en el universo, solo Dios es estrella. Nuestra intención era interpretar bien los arreglos [...] de Ceruto, no es necesario que el músico sea un virtuoso, con el perdón de los virtuosos. (André, C, comunicación personal, 04 de noviembre del 2014).

Acerca de sus métodos de dirección afirma:

Luis Eric [González] ¡Tremendo trompetista! Yo entré por él en La Elite, yo no quería, porque era un trabajo muy fuerte y no estaba adaptado a esa disciplina, porque como dije antes, era una dictadura musical pero Ceruto me insistió tanto que acepté, y fue para bien. (André, C, comunicación personal, 04 de noviembre del 2014).

---

[5] Matanzas, Cuba. Actualmente reside en Los Ángeles (USA) Actual Lead Trumpet de *Earth Wind and Fire*.
[6] Uno de los trompetas lead con más actividad en La Habana. Desde 1998 toca con La Charanga Habanera.

- Julio Montalvo[7]:

Ceruto fue discípulo del director de Opus 13, de Joaquín Betancourt, el discípulo más grande que pudo haber tenido, Joaquín es una de las plumas más grandes que ha dado nuestro país a partir del 1959. El trabajo de Ceruto a día de hoy es tan grande como el de su maestro, es uno de los principales arreglistas de Cuba, junto a Germán Velazco y otros titanes, pero colmado de mucha originalidad y me parece un tipo fantástico y un arreglista fantástico. No le conozco obras como compositor, pero su visión como líder, como trabajador insaciable buscando siempre la perfección, el tipo es muy grande, merece mis respetos. (Montalvo, J, comunicación personal, 20 de agosto del 2014).

- Alexander Abreu:

El primer día que llegué a los ensayos me creía en una mejor posición (ríe) y cuando me enfrenté a este monstruo musical donde la energía y la interpretación eran algo serio pues entonces me di cuenta de que el camino era más largo de lo que yo pensaba (ríe). Tuve la suerte de estar siete años y medio en esa orquesta y entre el maestro Carmelo André y el maestro Juan Manuel Ceruto me enseñaron todo, entre ellos dos está mi vida. (Abreu, A, comunicación personal, 17 de noviembre del 2014).

- Igort Rivas[8]:

Cuando se habla de la música cubana contemporánea hay que hablar de Ceruto y de Joaquín Betancourt. [...] son personas que independientemente que su trabajo ya esté hecho, pudiendo incluso detenerse y vanagloriarse de ello, no lo hacen, sino que están abiertas al aprendizaje constante de cualquier corriente musical para enriquecer su trabajo y adaptarse con facilidad a cualquier encargo de modo que tenga éxito. Ceruto es un visionario, siempre quiere estar a la vanguardia y lo logra, y eso que está a la mitad de su carrera, creo que con esa actitud, ese espíritu de encontrar influencias nuevas sin abandonar la esencia le hace grande. (Rivas, I, comunicación personal, 15 de septiembre del 2014).

Acerca de sus métodos de dirección afirma:

Cuando salí de la orquesta considero que lo hice siendo un mejor instrumentista y músico en sentido general, aprendía tocar la trompeta en sección de la mano de Ceruto, quien es una fuente de aprendizaje e influencias muy buena, eso sí, bajo mucha presión porque el hombre era muy exigente, pero eso nos hizo aprender. (Rivas, I, comunicación personal, 15 de septiembre del 2014).

- Carlos Pérez[9]: (Referente al trabajo de Ceruto con la sección de metales) «*El trabajo más minucioso y de buen gusto en el que haya participado en mi vida musical*». (Pérez, C, comunicación personal, 04 de septiembre del 2014).

---

[7] Montalvo, Julio. Cuba. Trombonista y productor. Ha trabajado con artistas como David Bisbal, actualmente reside en Valencia, España, donde dirige su proyecto *Julio Montalvo Collective*.
[8] Cienfuegos, Cuba. Actualmente trompeta del Afro Cuban All Star. Reside en Las Antillas Neerlandesas.
[9] Matanzas, Cuba. Trombonista. Reside en Copenhagen, director del *Grupo Danson*.

- Amaury Pérez R.:

Ceruto a mi juicio es un músico maduro y que está constantemente experimentando, hacedor de obras exquisitas que estarán ahí para la historia […]. Cada vez que nos convoca nos sorprende por sencillo que parezca el trabajo. Como músico de formación académica y clásica enfoca su trabajo en el lenguaje de la comunicación entre los instrumentos que intervienen en la obra, eso es semejante a la música de cámara, exige el balance sonoro en la cuerda [sección] la afinación de manera incisiva, la dinámica y constantemente te exhorta a que siempre lo puedes hacer mejor de lo que a ti te pueda parecer casi perfecto. Ha sido escuela para nosotros en este difícil mundo de las sesiones de grabación, ha sido una bendición trabajar con él durante todos estos años […] siempre es una oportunidad muy esperada entrar al estudio y aprender de las buenas nuevas que trae al abrir cada partitura. (Pérez, A, comunicación personal, 01 de diciembre del 2014).

- Luis Márquez, *Papo*[10]:

Ceruto para mi trasciende […] porque es muy fino, porque tenía la visión o tiene la visión que no tiene prácticamente nadie en Cuba […] La razón de la calidad del […] team de trabajo es […] 99% el oído y la calidad al escuchar de Ceruto. Las voces bien logradas y todo bien grabado y mezclado, claro, que él no podría hacer todo pero si aprobar el sello de garantía o más bien colocar su garantía, eso suele pasarle a la gente que escucha mucha música buena y que escucha todo además de ser gente curiosa al trabajar. (Márquez, L, comunicación personal 05 de diciembre del 2014)

Análisis Auditivo

Si pretendemos desarrollar nuestro intelecto musical escuchar música constituye una obligación para ello. Cuando escuche un tema hágalo cuantas veces sean necesarias, una y otra vez hasta que pueda visualizar e imitar el sonido de cada uno los instrumentos; escuche hasta que sea capaz de imaginarse en el escenario o estudio de grabación junto al músico, de verle tocar, de disfrutar o sufrir su interpretación y muy importante, escuche hasta que sea también capaz de determinar con un alto grado de acierto los elementos técnicos que usó en la grabación. Para ello procure escuchar en un ambiente u horario donde nada le distraiga. Durante las primeras audiciones concéntrese en su instrumento, en nuestro caso, la trompeta.

¿Qué nos interesa escuchar? Sonoridad del instrumento, emisión, tipos de ataque, articulaciones, fraseos, dinámica, ámbito (registro), relación con la base rítmica (tempo, sincronización, etc.), instrumentación y cualquier otro elemento que considere significativo. ¡Importante! Tome nota de cada uno de estos aspectos pues deberá consultarlas frecuentemente, hacerle correcciones y relacionarlas con su plan de estudio ¡Son su meta!

Ejemplo: características del estilo de la sección de metales de Paulo FG y Su Élite 1996-1998. Para la realización de este análisis auditivo utilizaremos el disco: *Con la Conciencia Tranquila* [CD] La Habana: Nueva Fania (1997). Disponible en http://www.latinpulsemusic.com/albums/show/75

---

[10] Músico, arreglista y productor de origen cubano residente en Miami, USA. Página web: http://luispapomarquez.me/

Músicos:

Paulo Fernández Gallo. Cantante, director.

Juan Manuel Ceruto. Arreglos, dirección musical, saxo tenor. (Selmer Mark VI)

Yoel Páez. Batería y timbal.

Tomás Cruz. Tumbadoras (Congas).

Luis Chacón. Percusión menor.

Yosbel Bernal Pina. Teclados, coros.

Sergio L. Noroña. Piano, coros.

Joel Domínguez. Bajo.

Rogelio Nápoles. Guitarra.

Igort Rivas Comas. Primera Trompeta. (Bach Stradivarius)

Alexander Abreu Manresa. Segunda Trompeta. (Yamaha YTR 2335)

Julio Montalvo. Trombón. (King 2B)

Germán Velazco (invitado) saxofón soprano.

Ya sabemos que el estilo de esta sección de metales tiene una fuerte influencia proveniente de las bandas norteamericanas de Funk, Soul, R&B, etc. Por lo tanto sea consciente de que estamos trabajando un estilo de interpretación que puede serle útil para tocar tanto en ciertas orquestas latinas como en varios géneros de la música popular norteamericana. (Luis Eric González, uno de los miembros de esta sección toca actualmente con Earth, Wind and Fire).

Notas sobre el estilo de la sección[11]

- Instrumentación: dos trompetas, saxo tenor y trombón.

- Proyectan el sonido de forma horizontal (plana) excepto en algunos finales de frase y en algunos acordes.

- Hacen uso extendido de notas sueltas (detached notes), en ocasiones acentuadas con la columna de aire. (Aspecto importantísimo dentro del estilo).

- Usan preferentemente ataques cortos y sonoros.

- Tanto el timbre como la sonoridad no varían en todo el registro del instrumento. (Tanto ligando como picando).

- Usan varios tipos de articulaciones.

- Los finales de frase son parejos y con el mismo vibrato. No usan la lengua para cortar la columna de aire. (Para determinar esto último escuche, imite y luego tome nota).

- El vibrato se usa en los acordes y en ciertos finales de frase. Vibran moviendo el instrumento con la mano derecha. (Ídem a la nota anterior).

- La sección ejerce control colectivo sobre la dinámica y logran una sonoridad balanceada.

- El pulso rítmico es firme pero la ejecución es un tanto retrasada. (A la manera de los conjuntos de Son de los años 30).

Añada cuantas cosas considere necesarias. Recomiendo que se concentre en el trabajo de roles, intente escuchar el trabajo de cada uno de los componentes.

Para que tenga una perspectiva más amplia de los elementos que conforman el estilo que estamos analizando a continuación nombro una serie de músicos y secciones de metales cuyos estilos son prácticamente similares.

Nótese que cito nombres asociados a varios géneros que supuestamente no guardan relación entre sí, sin embargo tras escuchar detenidamente verá que independientemente del género que interpreten existen nexos comunes, sobre todo desde el punto de vista técnico.

Secciones de metales: (respetando las diferencias de contexto y su capacidad de interpretar varios estilos).

Phenix Horns (Earth Wind and Fire), Tower of Power, Blood, Sweat & Tears, Chicago, The Memphis Horns, The Horny Horns, The Fat City Horns, The Muscle Shoals Horns, Gordon Goodwin's Big Phat Band, Juan Luis Guerra, Guaco, Irakere, Grupo Afro Cuba, Habana Ensemble, Havana D'Primera y cuantas quiera añadir.

---

[11] Este análisis no pretende coincidir con los parámetros del análisis clásico.

Músicos con un estilo bastante similar (respetando las diferencias de contexto y su capacidad de interpretar varios estilos):

Gary Grant, Jerry Hey, Wayne Bergeron, Arturo Sandoval, Dan Fornero, Larry Hall, Chuck Findley, Lew Soloff, Tom Walsh, Louis John Valizan, Víctor Paz, Luis Aquino, Jan Duclerc, Fermín Cruz, Arturo Sandoval, Mario Félix Hernández. *El Indio,* Juan Munguía, Alexander Abreu, Luis *"Papo"* Márquez, Luis Eric González y cuantos encuentre luego de interiorizar este estilo de interpretación.

¡Importante! Vuelvo a insistir. Estudie estas notas una y otra vez, ellas contienen datos fundamentales para comprender el estilo y organizar su plan de estudio.

SEGUNDA PARTE

Determinar las dificultades para ejecutar el estilo y realizar un plan de estudio con las posibles soluciones

Una vez definidos los aspectos fundamentales del estilo que decidimos trabajar llega el momento de determinar cuán capacitados estamos para interpretarlo.

Escoja un pasaje del material previamente analizado e intente imitarlo, repítalo cuantas veces sea necesario analizando cada uno de los elementos del estilo. Concéntrese en un elemento a la vez y mientras toca hágase preguntas del tipo ¿Proyecto el sonido de forma plana? ¿Uso notas sueltas? ¿Utilizo los ataques correctos? Y así sucesivamente punto por punto.

Toque, imite y analice tanto los aciertos como aquellos aspectos que se le dificultan. Una vez esté seguro de ello tome nota.

Dificultades más comunes

A continuación expongo las dificultades más comunes a las que se enfrentaron los músicos de la sección que estamos analizando, con el propósito de que si así lo desea establezca una comparación con las suyas. También incluyo algunas recomendaciones de tipo técnico para solucionar dichas dificultades.

El picado (Ataque)

Uno de los elementos fundamentales del estilo que estamos trabajando son los ataques cortos y sonoros. Estos ataques suelen presentar dificultades en aspectos tales como la precisión y la resistencia pues demandan gran cantidad de energía muscular. A esto se le suma la dificultad de lograr y mantener un picado que no afecte el timbre y la limpieza del sonido en todo el registro del instrumento. Hubo trompetistas miembros de esta sección que se vieron obligados a pasar por un proceso de adaptación para lograr que sus ataques fueran efectivos en todos estos aspectos.

Al respecto nos cuenta Alexander Abreu Manresa:

Era una agrupación donde se tocaba muy corto, llegué a tener un trauma con esto pues yo creía que picaba bien y resultó que mi ataque era insuficiente pues la cantidad de aire que le asignaba a cada nota era completamente desigual, los tres registros del instrumento me sonaban diferente, tenía varios problemas. Poco a poco me fui dando cuenta de algunas cosas y otras llegaron con el tiempo tras experimentar e intentar imitar lo que hacían estos maestros. El trauma con el picado fue serio, comencé a picar con el cuerpo, primero picaba y se me movía todo, los labios, los músculos, me di cuenta que si había movimiento perdía velocidad, exactitud; entonces comencé a echar las comisuras hacia atrás, fatal. Incluso comencé a picar y daba pequeños saltos intentando cortar las notas, tenía tremendo trauma con eso hasta que descubrí que cada nota, que cada ataque lleva una cantidad de aire determinada, facilitando el trabajo. (Abreu, A, comunicación personal, 17 de noviembre del 2014).

Para desarrollar el picado es recomendable, entre otras cosas:

La práctica del método de trompeta de J. B. Arban. Prestando atención a las primeras lecciones del libro en aspectos tales como precisión, emisión, afinación y sonoridad, todo ello aplicado a los ataques. Use el metrónomo y tenga en consideración que siempre debe quedar un remanente de aire en la nota por corto que sea el ataque.

La práctica del método *Technical Studies for the Cornet*, de Herbert Clarke con la particularidad de tocar picadas sus lecciones. Para más información consultar el método *Systematic Approach to Daily Practice,* de Claude Gordon.

La práctica de un ejercicio atribuido al panameño Víctor Paz que consiste en atacar una sola nota, descansar un corto período de tiempo y volver a picar la misma nota, así una y otra vez durante un largo período de tiempo. Revisar si hay tensión en los hombros, garganta, etc.

La práctica de la rutina de picado de Igort Rivas, el ejercicio de ampliación del registro central y Los Cuatro Modelos, todos incluidos en este libro

El desarrollo del picado y de las articulaciones en todo el registro de manera uniforme es fundamental en este estilo.

La resistencia física de la embocadura

Si has decidido formar parte de una sección de metales y logras trabajar en una banda exitosa entonces has de saber que tendrás ensayos, conciertos, giras donde puede que descanses poco y toques mucho. Todo esto demandará una considerable cantidad de energía, tanto de tu cuerpo en sentido general como del aparato de la embocadura.

Para adquirir resistencia los músicos entrevistados recomiendan lo que sigue a continuación:

- Asumir que su adquisición es un proceso progresivo.

- Estar en buena forma física, correr, hacer ejercicios, etc.

- Escoger un calentamiento y una rutina de estudio adecuados a las necesidades personales determinadas por el trabajo.

- Evitar el descontrol dinámico. (Tocar duro).

- Respetar los descansos.

- Intentar tocar todos los días de la misma forma.

El Registro

Esta dificultad es muy recurrente en cuanto análisis se haga sobre la interpretación de la trompeta dentro de la música popular en general. En la orquesta este aspecto era complejo, no precisamente por lo agudo de las notas (hubo orquestas cubanas en la época con un repertorio más agudo y virtuoso) sino porque a los trompetistas se les exigía una sonoridad e interpretación uniformes en todo el registro.

Para el desarrollo del registro los músicos entrevistados recomiendan lo siguiente:

- Desarrollar la resistencia

- Respetar los descansos.

- La práctica del método de flexibilidad de Charles Collins.

- La práctica del método de Louis Maggio.

- La práctica del método *Systematic Approach to Daily Practice,* de Claude Gordon.

- La práctica del método de J. B. Arban doblando una octava algunas de sus lecciones teniendo cuidado de ejercer control sobre la dinámica, la presión, velocidad y cantidad de aire para cada nota así como sobre el timbre del sonido, la limpieza del mismo y los tipos de articulación.

A los cuales añado:

- La práctica del método *Cichowicz Flow Studies*.

- La práctica del método de Cat Anderson.

- El estudio del sistema de Stevens - Costello.

- El estudio del *Sistema Pivote*, de Donald Reinhardt.

- La práctica de armónicos ascendentes y descendentes en cada una de las posiciones para trabajar el movimiento y coordinación de la lengua en la compresión del aire para cada nota.

Aclaro que las metodologías aquí citadas tienen diferentes características, por lo que la experimentación con las mismas debe ser progresiva y cautelosa.

En un artículo titulado *¿Hasta qué nota llegas?* disponible en trumpetland.com, su autor, el maestro Jordi Albert plantea una teoría suya acerca del registro del instrumento que coincide con la perspectiva desde la que han desarrollado el registro algunos trompetistas que han destacado en el estilo que estamos analizando.

Albert nos dice que él concibe el registro de la trompeta en tres rangos o categorías diferentes las cuales guardan relación directa con la ejecución mecánica del instrumento y su resultado sonoro.

Estas son: el registro central, el registro real y el registro potencial. Y cito:

El registro central: *se compone de aquellos sonidos que podemos tocar muy fácil, en los que nos gusta el timbre producido y la manera en la que lo producimos; un registro en el que además nos sentimos extremadamente cómodos.*

El registro real*: que a su vez contiene el central— se compone por aquel rango de sonidos que podemos tocar sin grandes problemas, en los que se mantiene ese sonido que tanto nos gusta del rango central. Todos aquellos sonidos que tocamos sin "trucos", en los que la trompeta suena con un timbre equilibrado.*

El registro potencial: *son aquellos sonidos que "podemos tocar" pero con un sonido que no nos gusta, realizando algunos procedimientos motrices [mecánicos] que no son eficientes ni saludables, y que incluso pueden producir problemas en alguna parte de la técnica.*

Usando los términos de Jordi Albert le invito a que determine cuáles son sus tres registros mediante un pequeño auto examen y como de costumbre, le sugiero que tome nota. Una vez hecho esto no me queda sino invitarle a desarrollar su registro mediante la ampliación paulatina de lo que Jordi llama el registro central. ¿Cómo hacerlo? A través de un balance objetivo entre ligado y picado.

Generalmente los trompetistas hacemos uso de la flexibilidad o de ejercicios ligados para desarrollar el registro pues esto ha probado su eficacia durante años. Conozco músicos que han desarrollado un registro y presión sonora impresionantes fundamentalmente a través del ligado, pero durante el proceso descuidaron el balance necesario entre ligado y picado en cualquier registro. El resultado de esta práctica desequilibrada suele traer como consecuencia dificultad para picar y articular en el registro sobreagudo y grave. De igual modo, quien suele favorecer el estudio del picado sobre el ligado podría sufrir de dificultades para ligar en todo el registro.

Al respecto cito a Alexander Abreu:

Yo toco igual en todo el registro, la misma posición, la misma abertura de los labios, simplemente regulo la cantidad de aire. De hecho tuve dificultades para pasar de un la sobreagudo a un si bemol por no querer cambiar la posición de los labios, estuve años llegando hasta un si bemol con la misma posición. Esto es resultado del picado, hay muchas personas que conocen el registro por medio de la flexibilidad, o los ejercicios de Maggio, que son súper efectivos para esto, pero luego tienen dificultad para atacar las notas agudas y controlar la columna de aire o dominar el fraseo de un do agudo a un sol sobreagudo, el control de esto lo podemos desarrollar ejercitando el Arban una 8va alta.

En pocas palabras: Es necesario buscar balance. Mediante el ligado podemos llegar de una forma rápida a nuestro registro potencial, pero con la ayuda del picado esas notas se convierten poco a poco en parte del registro real.

Dicho esto volvemos a mi proposición de la ampliación paulatina del registro central como parte de su plan de estudio. Le invito a realizarla mediante un ejercicio de picado que utilicé durante años para tal fin junto a otros buenos trompetistas y que podrá ver a continuación en la imagen 2.1.

Ejercicio de ampliación del registro central. Indicaciones para su ejecución

- Para ser ejecutado luego de haber realizado ejercicios de ligado o flexibilidad.

- Descienda cromáticamente a partir del Do5 (cuarto espacio) hasta la nota "frontera" entre el registro central y el real. (Donde comience a sentir el más mínimo cambio en el sonido).

- Repita cinco veces. NO SEPARE LA BOQUILLA DE LOS LABIOS.

- Luego de las cinco repeticiones descendentes sin separar la boquilla de los labios comience a ascender cromáticamente desde el do del cuarto espacio hasta la nota "frontera" entre el registro central y el real. Repita cinco veces.

- El propósito es expandir las sensaciones de lo que Jordi Albert llama registro central. Sea honesto, si comienza y resulta que dos tonos más abajo o más arriba el sonido comienza a cambiar haga las cinco repeticiones hasta esa nota y pare. ¡DESCANSE MÍNIMO MEDIA HORA!

Imagen 2.1. Ejercicio para la ampliación del registro central.

El control dinámico

Generalmente la percepción general del plano sonoro de la sección de metales (particularmente el de las trompetas) es que prevalezca por encima de otros elementos de la orquesta, de modo que muchas veces se nos pide que toquemos muy fuerte, perdiendo así el control sobre varios aspectos del instrumento. Esto no es recomendable, es mejor rechazar esa práctica. El control dinámico se logra mediante la administración de la velocidad, cantidad y presión de la columna de aire. En lugar de tocar más fuerte concéntrese en su sonoridad, en tocar "lleno" intentando que el sonido tenga muchos armónicos, en la direccionalidad del mismo, en su proyección. A propósito cito a varios músicos.

- Luis Aquino:

Puedo tocar con bastante volumen, pero muchas veces decido tocar con un tono que proyecte y que sea lo suficientemente fuerte como para que la banda entera me escuche, pero no más fuerte que eso. (Aquino, L. La importancia del 2do trompeta. Blog personal, sep 12, 2010).

- Juan Manuel Ceruto:

Es muy sencillo, no hay por qué tocar tan fuerte, se puede tener un sonido amplio tocando normal [...] hay quien no tiene sonoridad y confunde sonoridad con fuerza y eso es un error. Por ejemplo, Arturo Sandoval, él tiene ese sonido pero no es que toca fuerte, ese es su sonido, esa es su capacidad para tocar ese instrumento. Si yo fuera trompetista el tipo a estudiar sería Arturo Sandoval, o sea, como trompetista, técnicamente hablando. Ese es el sonido de la trompeta, es definición, igual que Alexander (Abreu), *definición, buaaa* (canta un sonido lleno, grave) *que suene así, si ves ese sonido en una onda sería perfecta, de eso te das cuenta en los estudios de grabación, cuando tienes un micrófono y del otro lado hay una gente fría escuchando.* (Ceruto, JM, comunicación personal, 15 de noviembre del 2014)

- Igort Rivas:

A mi juicio, Ceruto trataba de reducir en cuatro voces todas las ideas que tenía de una gran orquesta, aspectos que iban desde la respiración hasta la sonoridad, yo le llamaba sonoridad "sonora", no le gustaba mucho la estridencia, había que tocar con mucho control, no era como nosotros [le habla al que suscribe] nos imaginábamos en la ENA que creíamos que hacía falta un sonido enorme y eso no le gustaba, más bien pedía que enfocásemos el sonido. (Rivas, I, comunicación personal, 15 de septiembre del 2014).

- Carmelo André:

[...] el problema es que cuando tocas duro el sonido no camina, cuando tocas con volumen, lo abarca todo, es un concepto mío y no quiero que vayan a pensar que tengo la verdad absoluta, duro es duro, volumen de sonido, (dibuja un círculo en el aire con ambas manos) *usted toque el instrumento y que camine* solito (alarga las manos hacia adelante). (André, C, comunicación personal, 04 de noviembre del 2014).

- Alexander Abreu. Una cita un tanto extensa pero reveladora:

[...] hay gente que confunde la presión con tocar duro, realmente existe cierta fortaleza en el sonido, pero es un aspecto que hay que estudiar y que va saliendo con el tiempo y también influye en esto la preparación física del trompetista. El sonido es como un diamante que lo extraes bruto y comienzas a darle acabado, ahora, tienes que saber hasta qué punto puedes controlar tu capacidad. [...] hay personas que tienen la capacidad de tocar con más fortaleza que otros [...] y hacer lucir un sonido bien elaborado, sin impurezas. Hay un volumen donde están todas las impurezas y es donde comienzan los errores técnicos. Se toca forte, pero el concepto que existe de rajar (romper) *la trompeta es fatal, pierdes precisión, pierdes el control de todas las cosas. [...] mientras más fuerza le quitas y más presión acumulas dentro del aparato respiratorio más control tienes [...]. El volumen viene con el tiempo. En mi caso, adquirí un poco de presión trabajando en La Élite, había que tocar a veces sin referencia* (monitores) *y eso, junto a la necesidad de tocar las cosas bien bonitas y al mismo tiempo de escuchar mi instrumento me desarrollaron una fortaleza en el sonido y en la musculatura facial que no ha decaído, me he dado cuenta de que el sistema que utilicé en esa época me ha servido para todo. Hay una serie de ejercicios que pueden ayudar a desarrollar un volumen en un trompeta sin necesidad de ser grosero tocando.* (Abreu, A, comunicación personal, 17 de noviembre del 2014).

El aspecto rítmico

Nuestra relación como trompetistas con la base rítmica es fundamental en cualquier contexto. Si usted tiene la intención de convertirse en primer trompeta esa será una de sus funciones fundamentales. Para ello músicos como Bobby Shew recomiendan el estudio de la batería (en el caso de la música latina la percusión) para comprender la mecánica del instrumento y comprender así el sentido del tempo de los bateristas a nivel físico para poder tocar mejor con ellos, facilitando de ese modo el trabajo de la sección y de toda la banda.

En las notas acerca del estilo de la sección de la orquesta de Paulo FG dijimos que su pulso rítmico es firme pero la ejecución es un tanto retrasada. Para algunos trompetas miembros de esta sección tocar con esta cadencia se convertía en una dificultad especialmente cuando la resistencia física en general comenzaba a menguar, sumado a esto, el director no permitía bajo ningún concepto el desfase rítmico de la sección.

Dentro del aspecto rítmico encontramos una dificultad añadida, el concepto de *la clave cubana*. Este concepto es la columna vertebral de la música cubana y buena parte de la caribeña pues alrededor del mismo giran todos los demás elementos rítmicos, armónicos y melódicos que conforman la orquesta. Todo esto genera una amalgama rítmica capaz de dificultar la interpretación de los miembros de la sección de metales.

Para solucionar esta dificultad (si se tuviese) es recomendable asistir a clases de percusión y escuchar géneros de música popular cubana como la rumba para relacionarse con el concepto de *la clave* y comprenderlo a fondo.

En su entrevista Igort Rivas recomienda escuchar a *Los Muñequitos de Matanzas*[12] e intentar cantar o imitar onomatopéyicamente los golpes o acentos de los distintos elementos de la percusión y los cantantes además de tocar con la trompeta junto con la grabación buscando captar la esencia de la clave. (Audio 16).

La última de las recomendaciones, aunque no la menos importante es muy sencilla. ¡Use el metrónomo! Hoy en día la tecnología nos permite tener un muy buen metrónomo hasta en el teléfono, aproveche esta oportunidad.

Tratar con el ego personal

Dentro del cuestionario para las entrevistas a los músicos no aparecía mención alguna sobre el ego del músico, la inclusión de este tema como dificultad interpretativa obedece al hecho de que fueron los entrevistados quienes hicieron mención de ello como un problema significativo.

Lidiar con el ego les hizo superar barreras que en ocasiones dificultan que el músico adquiera conciencia plena de su papel en una sección dejando de cooperar con el trabajo en conjunto. Con un nivel de ego elevado suele aumentar el cúmulo de justificaciones ante los problemas técnicos o musicales propios y el dedo acusador sobre el compañero de sección o el director no tarda en levantarse.

Para solventar esta dificultad es recomendable:
- Ser dirigidos por una persona con capacidad de liderazgo. (No confundir con el don de "ordeno y mando").

---

[12] Agrupación rumbera de la provincia de Matanzas. Cuba.

- Adquirir conciencia de la inclusión como individuo en un trabajo en conjunto.

- Delimitar las tareas y responsabilidades personales así como conocer y respetar la de los demás.

Al respecto nos cuenta uno de los músicos entrevistados:

- Julio Montalvo:

En el segundo concierto Ceruto me repetía continuamente que yo desajustaba la sección por mi modo de picar; yo me decía a mí mismo: no es posible que un saxofonista me diga a mi como picar, si ellos ligan más fácil que un trombón, tanto la trompeta como el trombón tenemos facilidad para picar, si yo en la escuela sacaba cien puntos en los exámenes. ¿Qué problema tengo yo con el picado? Bien, pues a mi primer ensayo llevé una grabadora. Cuando llegué a casa que escuché la grabación resulta que el staccato corto que debía sonar ta-ta-ta, a mí me sonaba tua-tua-tua, increíble, a empezar de cero como el chaval que acaba de comenzar, sobre todo con la humildad de reconocer que no lo estaba haciendo bien y la necesidad de hacerlo correctamente. (Montalvo, J, comunicación personal, 20 de agosto del 2014).

Plan de estudio
(Nota: Lo que sigue está dirigido fundamentalmente a trompetistas profesionales, los estudiantes, especialmente los principiantes, deben seguir las indicaciones de sus maestros).

Los trompetistas de éxito comparten un patrón bastante similar, ubican sus metas, definen sus necesidades para llegar a esas metas y adoptan las medidas que sean precisas con el objetivo de lograr sus propósitos. En algunos casos estas medidas comprenden la experimentación con varias metodologías hasta encontrar la que funcione. Sin embargo algunos trompetistas mantienen una rutina de estudio inflexible que en ocasiones no guarda mucha relación con el trabajo que esté realizando en un momento determinado. Si esa es su situación mi consejo es simple: Si su empleo como músico cambia, su estudio debe evolucionar para adaptarse al cambio. ¿Qué hacer, cambiar la rutina de estudio? No debería hacerlo siempre y cuando su rutina contenga estas tres partes: mantenimiento básico, (Incluyendo lectura a primera vista) técnica y repertorio.

Mi proposición es que mantenga su mantenimiento básico tal y como está (siempre y cuando le funcione) y luego fusionar los aspectos técnicos con el repertorio de modo que pueda concentrarse en las necesidades de este último más que en repetir lecciones como un autómata.

¿Cómo? Reconociendo diversos aspectos técnicos en las partituras (especialmente los más difíciles) practicándolos primero desde el punto de vista mecánico e ir avanzando paulatinamente hasta darle el acabado musical que le corresponda de acuerdo al estilo de la pieza. Si aún no lo ha notado, esto suele ser una rutina diaria en los estudios clásicos del instrumento.

Esta práctica la corroboré hace muy poco tiempo durante el Festival Internacional de Trompeta de Maspalomas, Gran Canaria, donde pude recibir clases de muy buenos maestros, entre ellos Sergei Nakariakov. Para mi sorpresa Nakariakov estudia de esta manera, primero realiza un mantenimiento básico y luego se concentra en las necesidades de algún concierto determinado. Es un hecho, un solista de su calibre practica priorizando resolver sus **NECESIDADES MUSICALES**.

Más adelante verá como los miembros de la sección objeto de análisis desde el calentamiento mismo adaptaban los ejercicios para estar en sintonía con los aspectos estilísticos de la sección.

Proponerle un plan de estudio creado por mí no sería sabio pues de hacerlo estaría indicándole como resolver mis necesidades, no las suyas. Lo que si haré es mostrarle como distribuyo y que suelo practicar durante el mantenimiento básico. El mismo lo divido en tres aspectos que administro de acuerdo a la disponibilidad de tiempo de estudio.

- ***Soplo***: Es lo primero que hago en el día, no uso la lengua para atacar y aunque no se produzca sonido mantengo la formación de la embocadura y sigo soplando de forma natural. Para ello utilizo al menos tres rutinas: Los ejercicios con el tudel de Adam, (particularmente el primer armónico donde me extiendo hasta que la sonoridad sea agradable y sienta fluidez y naturalidad en la columna de aire). El calentamiento A de Louis Maggio (o similares) y el método Cichowicz Flow Studies.

- ***Ligado:*** Charles Collins, Arban, Schlossberg, Clarke, Walter Smith y una rutina usada por Otto Sauter. (Uso combinaciones de los mismos de acuerdo a mis necesidades y disponibilidad de tiempo).

- ***Picado y articulaciones***: Arban, Schlossberg, Clarke, rutina de picado de Igort Rivas, el ejercicio de ampliación del registro central y Los Cuatro Modelos, estos últimos incluidos en este libro. (Ídem a la nota anterior).

A continuación me gustaría hablarles sobre una práctica que agrupa estos tres puntos, la misma me ha resultado útil desde varios puntos de vista, la aprendí recibiendo clases con Sebastián Gil Armas quien la bautizó como *Tocar sin Sonar*. Tal y como su nombre indica consiste en tocar (con ataques, articulaciones, dinámica, etc.) pero sin sonido. Esta práctica es útil para los músculos de la embocadura, el uso de la lengua, la columna de aire (en todos sus aspectos), la presión de la mano izquierda, y para no molestar al vecino, algo crucial en su carrera.

Si ha organizado su plan de estudio considerando los aspectos mencionados con anterioridad, además de tener a mano las notas con sus necesidades para tocar dentro de un estilo determinado toca experimentar con varias metodologías hasta encontrar la que más le ayude con sus propósitos. Arban, Collins, Schlossberg, Clarke, Maggio, Gordon, Costello, Reinhardt, Caruso, Cichowicz, Adam, etc. Todos estos métodos o bien la combinación de ellos pueden serle útil. (Si es estudiante asegúrese de consultar con su profesor antes de tomar decisiones).

Por último le propongo dos ejercicios que adapté para trabajar varias de mis dificultades de cara al estilo que estamos analizando. Valore usted la inclusión de los mismos en su rutina de estudio.

Ejercicio 1. Adquisición de resistencia: notas largas

La rutina de notas largas que les presento a continuación está basada en un ejercicio conocido en Cuba por algunos instrumentistas como *La Rueda de Alemañy*. Esta versión del ejercicio la logré tras años de experimentación del mismo con otros ejercicios como:

- La metodología de Carmine Caruso.

- La práctica de la respiración completa (yoga).

- El uso de los resonadores (similar a los cantantes).

- Su práctica sobre una grabación con metrónomo.

La creación del ejercicio original se le atribuye al señor Luis Alemañy, lead trumpet del cabaret Tropicana y de proyectos como el Buena Vista Social Club, entre otros. Alemañy es sin lugar a dudas un respetado instrumentista y los resultados con sus alumnos le avalan como un gran maestro, conocedor como pocos en la isla acerca de los aspectos físicos necesarios para la ejecución de la trompeta.

Nota a los profesores: Esta rutina me fue de utilidad para cambiar la dirección de los músculos de la embocadura desde una posición de "sonrisa" a una posición de agarre firme de la boquilla. Y aunque recomiendo su uso fundamentalmente para la adquisición de resistencia del aparato de la embocadura puede ser usado también para trabajar aspectos referentes a la limpieza del sonido, la respiración, los ataques, la afinación, etc.

Indicaciones para su ejecución

Respiración

Para realizar este ejercicio es recomendable realizar lo que se conoce como la respiración completa en la práctica del yoga. De un modo muy simplificado lo expongo en el diagrama 2.1 donde he realizado una división ternaria de los pulmones, el tronco y la cabeza, los cuales hay que llenar de aire conjuntamente de manera ascendente. Es recomendable practicar esta respiración sin el instrumento para adaptar el cuerpo a inhalar y exhalar sin tensión alguna; tenga en consideración que en el momento de emitir un sonido en la trompeta tiene que haber relajación, especialmente en el área de la garganta. Para más información consulte literatura especializada en la práctica de la respiración yoga, para tal fin recomiendo el libro: El Tao de La Salud, el Sexo y la larga Vida, escrito por Daniel Reid.

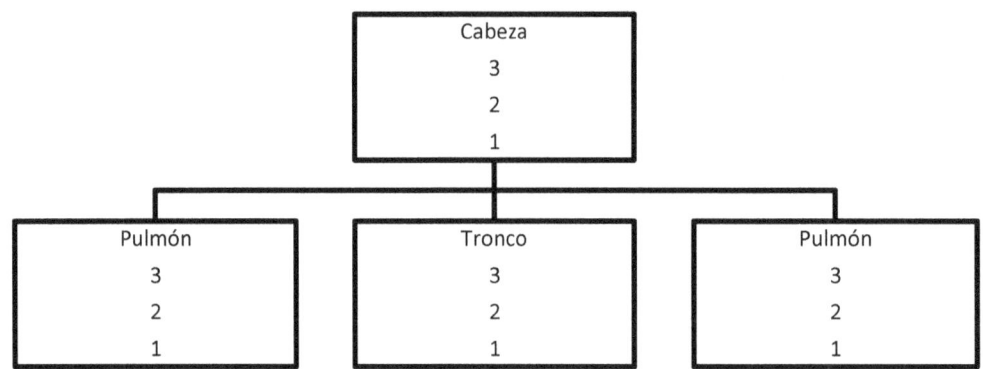

Diagrama 2.1. Respiración recomendada para la práctica de notas largas.

Ataque

Sería recomendable soplar las notas pero siéntase libre de experimentar. Como podrá apreciar en el audio las notas no están ligadas sino separadas en redondas, de modo que si lo desea pueda realizar diversas combinaciones de ataque según su gusto o necesidad.

Resonadores

Los resonadores aplicados a este ejercicio son muy similares a los que usan los cantantes:

- Notas graves: En el área del pecho.

- Notas medio agudas: En el área de los pómulos hasta las cejas.

- Notas agudas: En la frente.

- Notas sobreagudas: Justo el centro del cráneo.

Aspectos añadidos de la metodología de Carmine Caruso

- Marcar con el pie.

- No separar la boquilla de los labios durante todo el ejercicio.

- Mantener un flujo de aire constante.

- Respirar por la nariz.

- En cada compás de espera exhale todo el aire sobrante durante los dos primeros tiempos y respire en los dos últimos tiempos del compás.

Práctica sobre una grabación con metrónomo

Este aspecto es opcional, especialmente si el trompetista no está acostumbrado a realizar la respiración completa y necesita tiempo para interiorizar esa práctica. Mi decisión de experimentar con ello fue debido a la necesidad de trabajar en conjunto la afinación, el tempo y la resistencia. (Audio 17).

¡IMPORTANTE!

POR FAVOR LEA CON ATENCIÓN.

- Sople todo el tiempo y toque muy *piano*, casi susurrando las notas y sin tensión.

- Complete el ejercicio aunque se sienta cansado o no le suenen las notas, siga soplando y no pierda la calma. Si no suena no intente tocar más *forte*, siga soplando de forma natural. (Sé que me repito pero lo considero necesario).

-Durante un tiempo puede experimentar temblores en las comisuras. No se asuste, al igual que en un gimnasio usted está entrenando duro y eso desaparecerá paulatinamente.

-No fuerce la posición de la boquilla, si se desplaza levemente puede que se esté auto ajustando de acuerdo a necesidades físicas en su aparato de la embocadura. Luego de varios días compruebe si los resultados sonoros son óptimos en la nueva posición y valore si aceptar ese pequeño cambio. (Si se desplaza de forma abrupta interrumpa el ejercicio y consulte con un maestro).

- Esté atento a las sensaciones de la lengua al usar las vocales al tocar (experimente con varias) y estudie su comportamiento desde el punto de vista muscular. En mi caso siento que trabajo intensamente los músculos de la parte trasera de la lengua, lo cual teóricamente incide de manera positiva sobre el sonido y la afinación.

- Respete el descanso. Es un ejercicio extenuante y su embocadura no es un súper héroe. Descanse una hora mínimo.

- No se desanime, este ejercicio le resultará extremo durante un tiempo, pero una vez se acostumbre a las nuevas sensaciones físicas que provoca podría sorprenderse con los resultados positivos de esta práctica a mediano y largo plazo.

Brasstactic! Long Tones

Orestes Machado

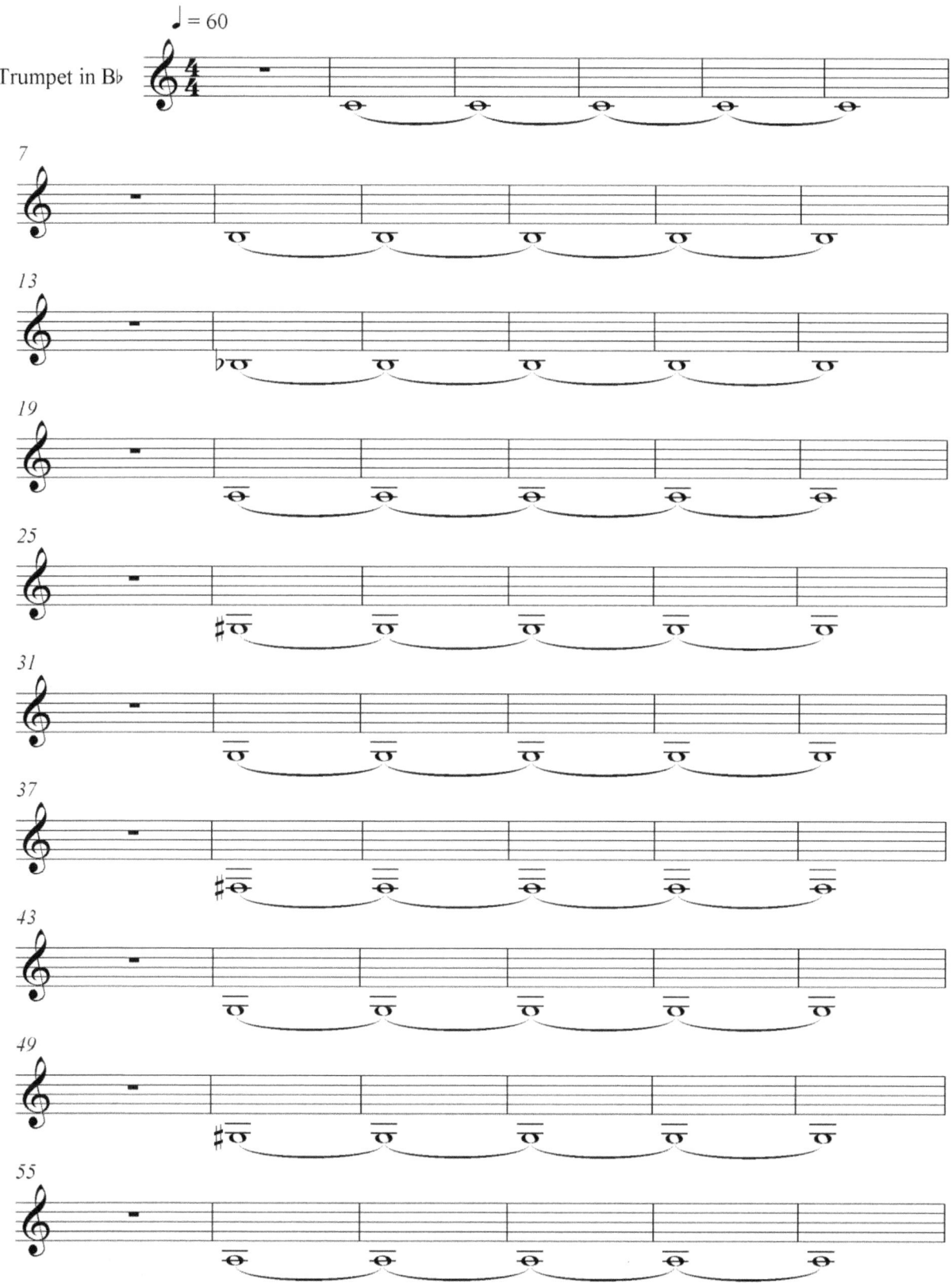

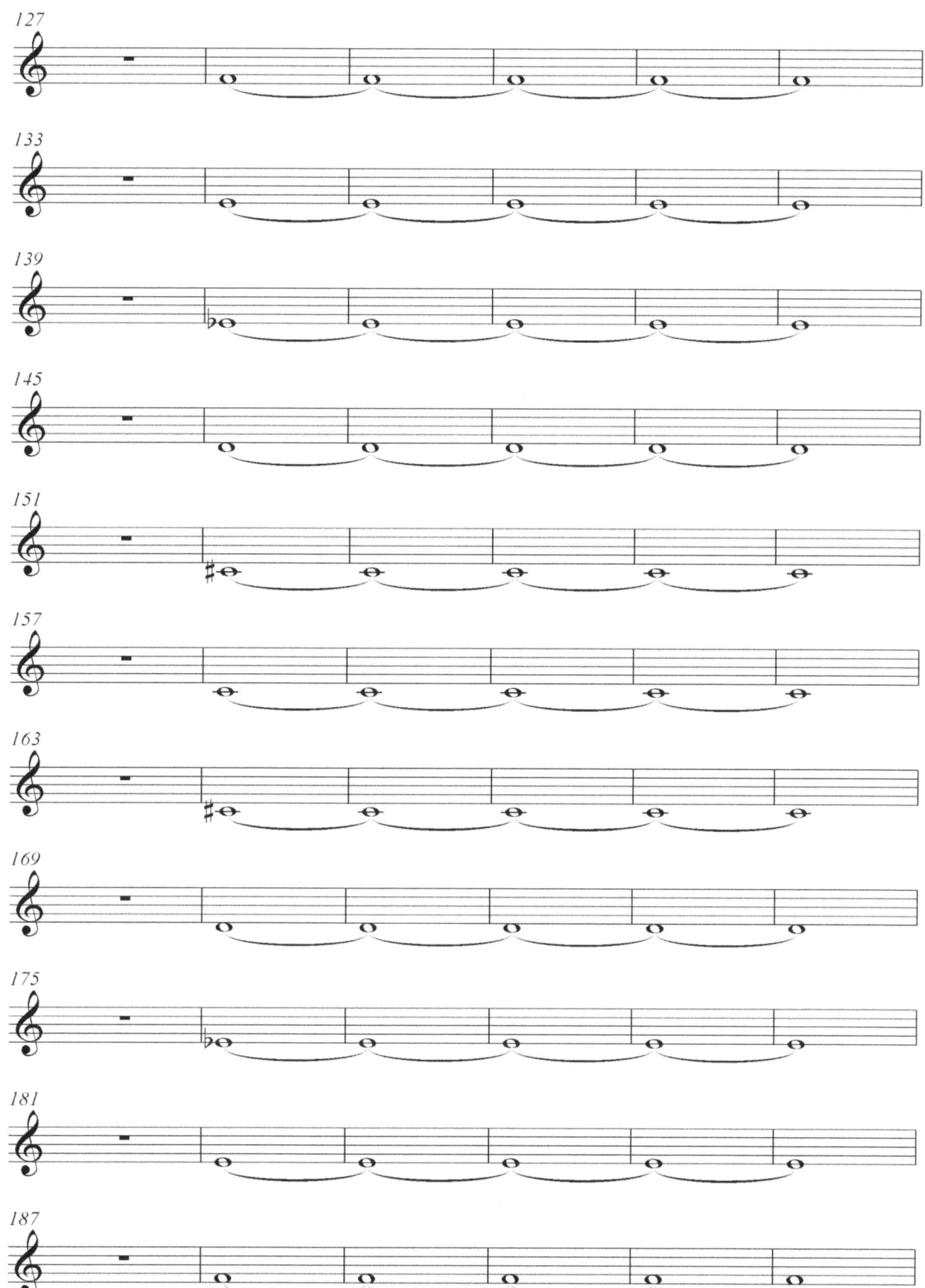

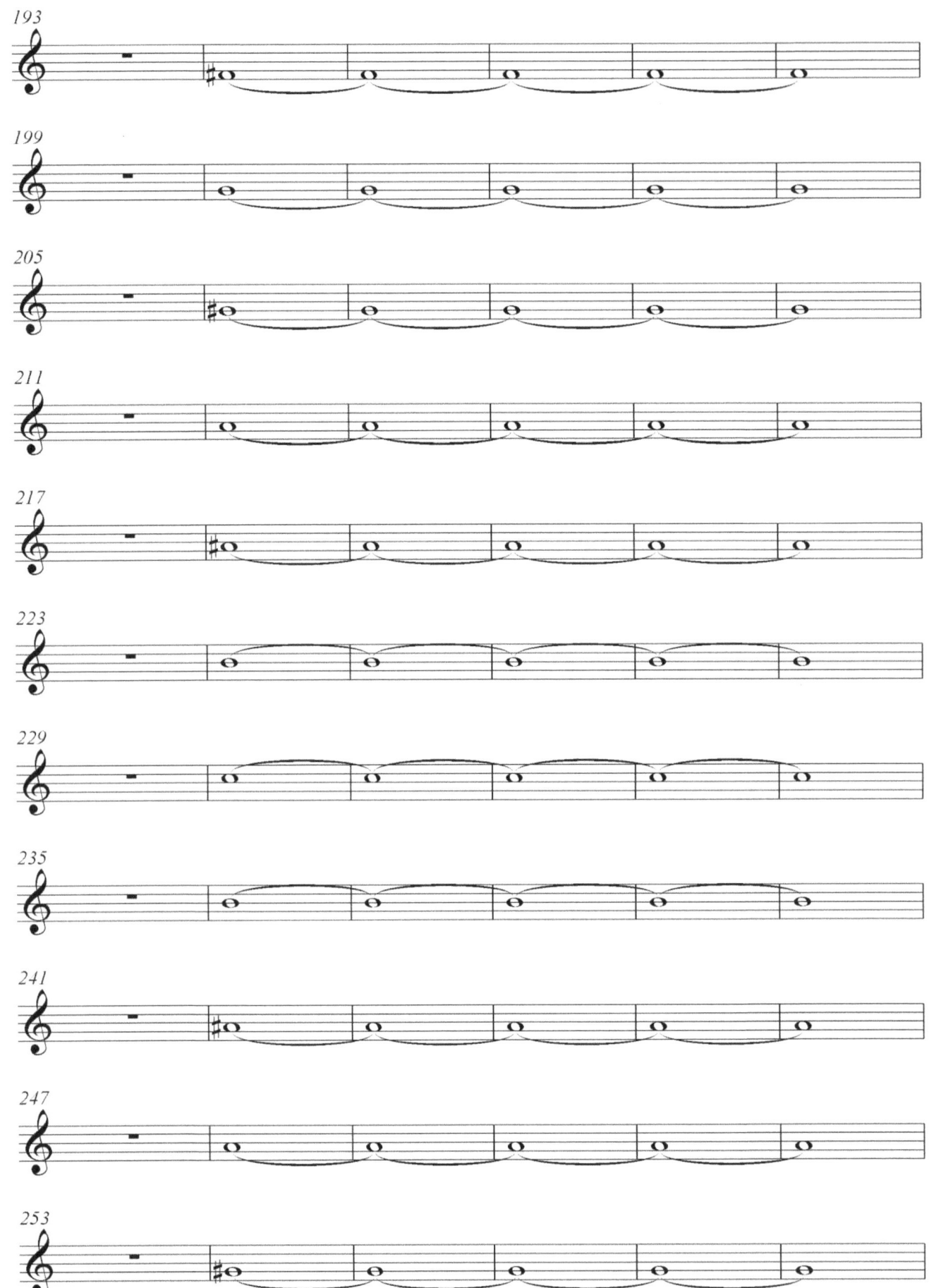

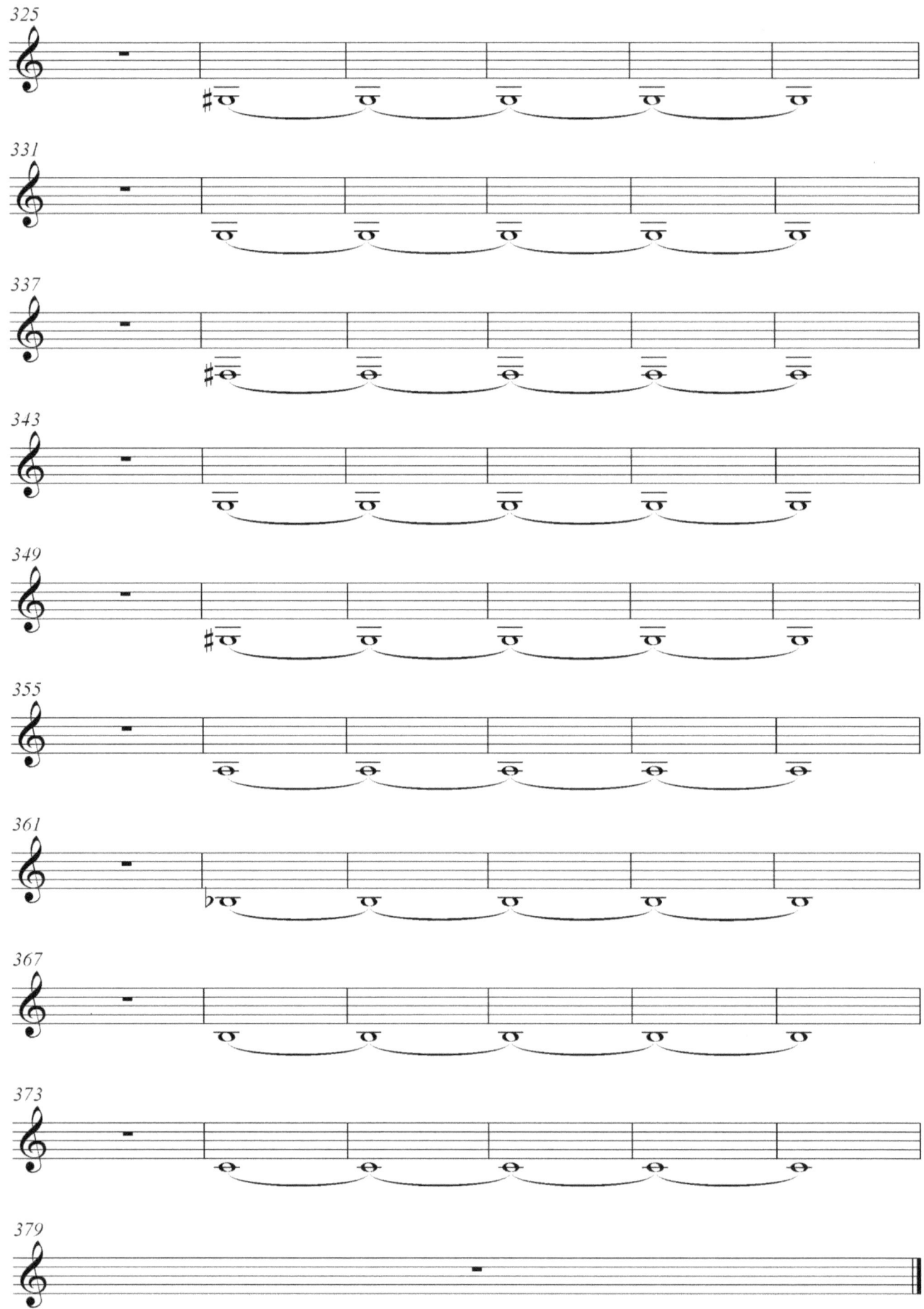

Ejercicio 2: Los Cuatro Modelos

El siguiente ejercicio está basado en cuatro modelos de estudio de las escalas usado habitualmente en el contexto del Jazz (en el mismo se practican de memoria). Los escribí buscando estudiar simultáneamente el picado, la digitación, los intervalos, varios tipos de articulaciones, escalas por todos los modos, escalas cromáticas, de tonos enteros y disminuidas; todo ello a partir de una nota, en este caso a partir de Do.

Para pasar por todas las tonalidades el ejercicio deberá ser transportado por semitonos. Siéntase libre de experimentar diferentes combinaciones de articulaciones, doblar una octava los que sean posibles así como adaptarlos a distintos estilos de ejecución.

Uno de los propósitos fundamentales de este ejercicio es lograr horizontalidad en la ejecución del instrumento. Para ello cuando practique evite la sensación de estar en una montaña rusa. Sople pensando que todas las notas están hacia delante, ni arriba ni abajo, como si tocase solo una nota y evite el movimiento muscular innecesario.

El otro propósito de estos ejercicios está relacionado con los aspectos estilísticos de la sección que hemos analizado. Principalmente dos de ellos, el picado y las notas sueltas (detached notes).

Sobre el picado ya hemos hablado lo suficiente, pero no tanto acerca de las notas sueltas. Si tiene intención de dominar el estilo de interpretación que hemos analizado le puedo asegurar que el uso de notas sueltas es crucial para ello, esta práctica a veces pasa desapercibida pero su resultado marca diferencias fundamentales con otros estilos.

Para ello usted deberá tocar intentando que quien le escuche pueda percibir de manera clara cada una de las notas. Aunque haga un pasaje ligado acentúe levemente cada nota intentando separarlas. Si bien al principio esto sonará mecánico con el tiempo podrá adquirir tal dominio que incluso tocando un *legato* perfecto, aunque piense cada nota por separado o incluso atacada va a seguir sonando como legato y la audiencia disfrutará de cada una de ellas. La práctica de notas sueltas en conjunto es fundamental para lograr cohesión en la sección.

Nota a los profesores: estos ejercicios son una herramienta útil pues trabajan una serie de aspectos técnicos importantes para el alumno. Pueden ser utilizados para trabajar en sección así como complemento técnico para la improvisación.

¡Importante!

No practique para cometer errores, utilice el metrónomo y toque muy lento escuchando su sonido, sus ataques, la afinación o cualquier otro aspecto técnico o interpretativo, repita un pasaje lentamente cuantas veces sea necesario hasta que NO COMETA ERRORES y entonces podrá incrementar la velocidad paulatinamente. Si se acostumbra a cometer errores mientras estudia lo hará mientras toque y el único responsable será usted.

Brasstactic! The Four Models.
Third Intervals from C.

Major (Ionian mode)

Orestes Machado

Natural Minor (Aeolian mode)

Harmonic Minor

Melodic Minor

Dorian mode

Phrygian mode

Brasstactic! The Four Models.
Fourth Intervals from C.

Orestes Machado

Brasstactic! The Four Models.
Fifth Intervals from C.

Major (Ionian mode)

Orestes Machado

Natural Minor (Aeolian mode)

Harmonic Minor

Cromatic

Brasstactic! The Four Models.
Sixth Intervals from C

Major (Ionian mode)

Orestes Machado

Natural Minor (Aeolian mode)

Harmonic Minor

Melodic Minor

Dorian mode

Phrygian mode

Cromatic

Whole Tone

Brasstactic! The Four Models.
Seventh Intervals from C.

Major (Ionian mode)

Orestes Machado

Natural Minor (Aeolian mode)

Harmonic Minor

Cromatic

Whole Tone

TERCERA PARTE

Trabajo en sección, roles, calentamiento y ejercicios en conjunto

Todos queremos y necesitamos tocar en una sección balanceada. Esto no siempre se puede lograr por la falta de conocimiento de algunos y el súper ego de otros. Luis Aquino.

Acerca de los roles de los músicos en la sección se ha escrito mucho, por ello me limitaré a sintetizar conceptos provenientes tanto de los músicos miembros de la sección que hemos estado analizando así como de otros trompetistas de reconocido prestigio en el ámbito del trabajo en sección, además de añadir alguna que otra experiencia personal.

Primer(a) trompeta (Lead Trumpet)

Uno de los significados en castellano del término Lead Trumpet pudiese ser Trompeta Guía, término que a mi juicio describe de manera concisa las responsabilidades de un primer trompeta.

De acuerdo a un excelente artículo de Bobby Shew algunas de esas responsabilidades son:

- Interpretar la música en el estilo correcto.

- Comunicarse de manera efectiva con los demás miembros de la sección y de la banda.

- Tener constancia en la interpretación. (De este modo será predecible, facilitando que el resto de la sección le siga, le imite).

- Tener la capacidad de tocar con potencia y también con suavidad. (Control dinámico).

- Tener la capacidad de improvisar.

Y cito:

Existen muchas ideas equivocadas con respecto a lo que se requiere para ser un buen Lead Trumpet. Principalmente aquella que afirma que poseer una embocadura capaz de lograr notas agudas es el único factor determinante, o al menos el más importante. Es cierto que mantener un buen registro agudo, por lo menos hasta un Fa por encima del Do sobreagudo es muy importante. Sin embargo, esto por sí solo nunca determinará si una persona va a ser contratada para girar con las bandas o para grabar en estudios. (Shew, B. Playing Lead Trumpet in the Big Band Setting). (Traducción: Orestes Machado)

Afirma que la característica más importante de un lead es el sentimiento, el gusto, tocar las notas con control y a la vez transmitir fluidez, relajación y también energía cuando sea preciso. Además, le invita a delegar en otros músicos (dentro del contexto de una sección de trompetas en un Big Band) si como lead no está seguro de tocar una partitura por cualquier circunstancia. Aconseja también estudiar batería para comprender el instrumento, afinar por el bajo y tocar de manera muy conjunta con estos dos instrumentos.

Fíjese cuántas responsabilidades tiene un primer trompeta. Su atención y energía estarán enfocadas en su propia ejecución y en la de toda la banda, para ello su esfuerzo físico y mental será considerable y por ello necesita el apoyo del resto de la sección, especialmente del segundo trompeta, al que yo llamo el administrador de la sección (dentro de una sección pequeña).

De modo que si su propósito es llegar a desempeñar este trabajo algún día, tenga en consideración que llegado ese momento deberá ser un atleta de alto rendimiento, poseedor de una musicalidad integral, un gusto interpretativo que enamore y el don de la comunicación y el compañerismo.

Constancia y disciplina son las palabras clave en el camino al éxito de un primer trompeta.

Segundo Trompeta

¡Bienvenidos al mundo "fácil" de la segunda trompeta!

La función de un segundo trompeta es un pilar fundamental del trabajo en sección, función que ha de desempeñar de la mano del resto de los músicos. Uno de los artistas latinos que a mi juicio hace el trabajo de segunda trompeta formidablemente bien (también el de lead, aclaro) es el puertorriqueño Luis Aquino, quien en su blog personal resume la labor de un segundo trompeta de la siguiente manera, y cito:

Quien toca segunda trompeta en la sección tiene una gran responsabilidad. La actitud y la aptitud del segundo trompeta pueden lograr que el primer trompeta suene excelente o que suene como un músico mediocre y es por ello que la silla de segunda trompeta es una de las menos comprendidas y probablemente, más menospreciadas de la sección.

Y continúa diciendo: *Si soy yo quien está tocando la primera trompeta, necesito que mi segundo trompeta esté pendiente a salvar mi vida (labios) y ayudarme cuando lo necesite.*

- *Necesito que me siga en donde corto las notas.*
- *Que siga mis respiraciones.*
- *Que a veces siga mis vibratos.* (Yo diría que siempre).
- *Que me siga en la duración de mis "drops".*
Y lo más importante, que NUNCA toque más fuerte que yo.

(Aquino. L. La importancia del 2da trompeta).

Resumiendo, el segundo trompeta debe fundirse con el primero convirtiéndose en uno solo. Personalmente cuando realizo ese trabajo imagino que literalmente levanto en peso al lead mientras toco pues necesita una base sólida donde apoyarse. Es cierto que los aplausos se los llevará el primer trompeta, pero si su ego no le ciega agradecerá su ayuda como segundo trompeta y probablemente procurará formar equipo con usted. Durante años esa fue mi especialidad, de hecho es el trabajo que más me gusta hacer y del cual he aprendido mucho para cuando toco la primera trompeta. (Audio 18). Cuando comencé a tocar junto a Alexander Abreu como segundo trompeta tuve que poner en práctica muchas de las cosas que he escrito en este libro debido a la cantidad de dificultades a las que me enfrenté sin experiencia previa, pero de todo aquello lo que más me gustó fue la responsabilidad de literalmente administrar su ejecución vigilando el volumen de sonido, su nivel de cansancio para asumir la primera voz en caso de necesidad, vigilar la afinación de la sección y llamar la atención general si algo negativo estaba sucediendo. Esto fue un proceso difícil y progresivo. (Audio 19).

Por ejemplo, digamos que en un pasaje agudo extenso que culmina en una nota larga el primer trompeta tiene la tendencia a subir o bajar la afinación de dicha nota; como su función en la orquesta es múltiple puede que su atención en ese momento esté enfocada en otra área, debería ser entonces tarea del segundo trompeta alertar tanto al primer trompeta como al resto de la sección para sí llegado el momento varía la afinación todos intenten seguir al lead corrigiendo la afinación con el labio, con posiciones alternativas o mediante la vibración.

Esta función administrativa de la que hablo es relativamente fácil de lograr si tocamos en una sección donde fluya la comunicación, pues uno de los males de algunos músicos, sobre todo provenientes de orquestas donde las secciones funcionan por separado es negarse a seguir al primer trompeta o negarle asistencia aduciendo precisamente que ellos son de "otra sección", (digamos saxos o trombones) naturalmente el resultado sonoro, musical y hasta personal de ese colectivo carecerá de balance. No se trata de una cuestión jerárquica sino de sentido común. Juan Manuel Ceruto afirma que en una sección pequeña tanto el primer trompeta como el resto de los músicos deben tener conciencia de apoyo, escuchar las voces entre unos y otros y trabajar en los ensayos buscando tocar exactamente igual para que sean uno, entonces todos se habrán convertido en lead players.

Después de leer esto espero que si alguna vez le dicen algo como: *No tienes registro, ni nada que dar, segunda trompeta tendrás que tocar*, no se sienta mal. Si usted es un elefante su mejor habilidad no será la de volar. Aunque los demás se lo exijan y hasta hagan burlas sobre sus "carencias" demuestre su valía como músico y como ser humano.

Tercera voz (En este caso el saxofón tenor).

Esta es la voz que hace funcionar el balance de la sección y la clave para lograrlo es prestar atención a la sonoridad general pero tocando con un poco menos de intensidad que el músico que toque la cuarta voz.

Cuarta voz (En este caso el trombón).

Básicamente es la base sobre la cual descansa la sección. Su apoyo al primer trompeta es bastante similar al que ejecuta el segundo trompeta pero priorizando y administrando el apoyo sonoro.

A continuación muestro la figura 3.1, donde desde mi perspectiva están resumidos los roles dentro de una sección pequeña. Las flechas entre los rectángulos indican que todos se escuchan entre sí, en tanto el segundo trompeta sostiene de manera directa al lead con el apoyo del saxofón tenor y el trombón.

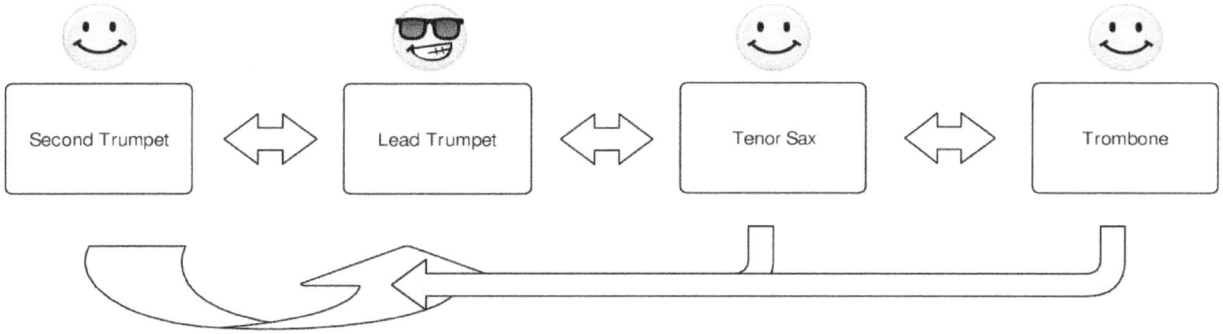

Figura 3.1. Resumen de la función de los músicos en una pequeña sección de metales.

Ensayos de la sección

Regularmente la sección de metales que estamos analizando ensayaba una hora dos veces por semana, aunque este ritmo aumentaba significativamente cuando había que grabar algún disco. Como los ensayos se hacían a primera hora de la mañana (en ocasiones luego de haber tocado la madrugada anterior) los músicos intentaban llegar un poco antes de la hora pactada para realizar ejercicios de calentamiento.

Ejercicios de calentamiento

Los ejercicios de calentamiento eran los siguientes. De forma individual hacían el calentamiento A del método de Louis Maggio. Luego se unían para hacer al unísono el calentamiento B del mismo método. Este ejercicio era ejecutado prestando atención a las particularidades expuestas a continuación en la tabla 3.1. (Nótese como desde el calentamiento los músicos adaptaban los ejercicios para abordar diversos aspectos estilísticos de la sección).

Tabla 3.1. *Particularidades en la ejecución del calentamiento B de Louis Maggio*

Calentamiento B Louis Maggio. Particularidades de ejecución
Repetir varias veces muy lento. Ataques soplados (sin el uso de la lengua). Uso de toda la capacidad de aire. Las terminaciones de notas deben sonar parejas, con un decrescendo natural y sin el uso de la lengua para cortar la columna de aire.
Intensidad sonora enfocada en lograr un sonido lleno, limpio y siempre plano, sin vibrar ni empujar el sonido.

Luego de una pausa retomaban el calentamiento con ejercicios de picado ejecutados de modo progresivo, o sea, comenzando con unos ataques con la consonante "D" hasta terminar con la "T". Para ello usaban el ejercicio número dos del método Technical Studies for Cornet, de Herbert Clarke. Además del estudio de Clake antes mencionado usaban una rutina de picado ideada por Igort Rivas desde sus días de estudiante en la ENA ejemplificada en la figura 3.2 y que consistía en una serie de notas ejecutadas con picado simple que de acuerdo a los intereses del instrumentista ascendía o descendía cromáticamente hasta rozar los límites del registro del instrumentista.

Figura 3.2. Rutina de picado de Igort Rivas

Del mismo modo que con los ligados, con los ejercicios picados se buscaba una sonoridad equilibrada, un sonido lleno, redondo, limpio, con proyección y control dinámico en todo el registro del instrumento.

Ejercicios para la sección de metales

Luego comenzaba la rutina de toda la sección. En esta se ejecutaban una serie de ejercicios que abordaban los aspectos estilísticos fundamentales de la misma, los cuales variaban de acuerdo a las necesidades de los temas a ensayar. En su entrevista Ceruto manifestó que él proponía varios ejercicios, los cuales están resumidos a continuación:

- Notas largas en conjunto al unísono y armonizadas, en ocasiones con acordes incluidos en los arreglos.

- Practicar todos los tipos de ataques que brindasen colores (evocación de imágenes en el músico) o que fueran útiles como herramientas para la ejecución de la sección.

- Ejecutar escalas con todas las articulaciones posibles, tanto al unísono como armonizadas.

- Trabajar los temas frase a frase, marcando en la partitura las articulaciones, las respiraciones, la dinámica, el vibrato y cualquier otro aspecto relevante.

Tanto durante los ensayos como en directo Ceruto era prácticamente inflexible con que se cumplieran todos los aspectos interpretativos marcados e indicaba constantemente que se escucharan unos a otros al tocar, para este fin a veces pedía que tocasen en los ensayos y en ocasiones en directo sin monitores (referencias).

A continuación adjunto una serie de ejercicios escritos para una sección de dos trompetas, un saxofón tenor y un trombón. Los mismos son una recreación de los propuestos por Ceruto para los ensayos pues los originales no se han conservado. Las voces de muchos de los ejercicios están escritas por cuartas pues la sonoridad de esa armonización permite escuchar con mayor claridad a cada uno de los miembros de la sección. Siéntanse libres de cambiar las armonizaciones e incluso crear ejercicios nuevos, especialmente si los que incluyo no cubren determinadas necesidades estilísticas de su sección.

Indicaciones para su ejecución

- Como ejercicios de notas largas en conjunto propongo la rutina incluida en este libro (pág. 33), con la salvedad de hacerlo en mucho menos tiempo, digamos que cada nota tenga el valor de una redonda.

- Chord and Scales (Escalas y Acordes): es recomendable practicar todos estos ejercicios muy lentamente pues cada nota de la escala forma un acorde de cuatro voces con el resto de la sección. Practiquen con una sonoridad donde prime el balance.

- Variaciones de Clarke: se deberán usar todas las combinaciones de articulaciones posibles y también intercambiar las voces para trabajar todos los registros de cada instrumento. Recomiendo usar el metrónomo en tresillos; ascender cromáticamente e intercambiar voces.

- Los Cuatro Modelos: a diferencia del estudio individual los cuatro modelos están todos juntos, su ejecución deberá ser precisa. Prueben distintas tonalidades.

- Ejercicios de Vibrato: Recomiendo controlar el vibrato con la mano. Subdividir muy lentamente, primero de un modo mecánico, respetando los valores escritos, cuando toda la sección logre vibrar de esta manera entonces comiencen a buscar alternativas para cambiar a una sonoridad más libre, que suene *a tempo* pero no de forma mecánica. Para ello está escrito el motivo al final de las subdivisiones pero siéntanse libres de usar otro de su elección.

- Ejercicios de II-V-I: la dinámica y ataques escritos son modelos de aproximación, creen interpretaciones nuevas, hagan música para así explotar y desarrollar las capacidades de la sección.

- Transcripción del arreglo para metales de *Con La Conciencia Tranquila*: tema de Paulo FG incluido en el disco con el mismo nombre y que hemos usado para realizar el análisis auditivo. Este tema servirá para poner en práctica lo aprendido acerca del estilo de interpretación de esta sección. Practiquen frase a frase, marcando en la partitura cualquier aspecto relevante. (Nota: las letras *"vr"* significan vibrato).

Brasstactic! Section Excercises

Chord and Scales - Escalas y Acordes.

Majors - Mayores

Minors - Menores

Sus4

Chord and Scales - Escalas y Acordes.

Augmented fifth - Quinta Aumentada

Diminished fifth - Quinta Disminuída.

Ninth chords - Acordes de novena

Brasstactic! Section Excersises. Herbert Clarke's Variations.

Brasstactic! Section Excersises. Herbert Clarke's Variations.

Brasstactic! Section Excersises. The Four Models - Los Cuatro Modelos.

Try different combinations
Probar diferentes combinaciones

Brasstactic! Section Excersises. Attacks and Vibrato - Ataques y Vibrato.

Try different combinations
Probar diferentes combinaciones

Brasstactic! Section Excersises. II-V-I.

76

Brasstactic! Section Excersises. II-V-I.

Con La Conciencia Tranquila

Con La Conciencia Tranquila

Trumpet 2 in B♭

Author. Paulo Fernández Gallo.
Arr. Juan Manuel Ceruto.
Transc. Orestes Machado.

Con La Conciencia Tranquila

Tenor Saxophone

Author. Paulo Fernández Gallo.
Arr. Juan Manuel Ceruto.
Transc. Orestes Machado.

90
MAMBO 1
f
94
98
ff
102
106
G
CORO
8
BOMBA
7
MAMBO 2
ff
122
127
TACET X 2
8
138
CORO X 3
8
MAMBO 3
ff
150
2
156
2
163
4

Con La Conciencia Tranquila

Trombone

Author. Paulo Fernández Gallo.
Arr. Juan Manuel Ceruto.
Transc. Orestes Machado.

RESUMEN

A continuación el diagrama 3.1 muestra en conjunto y a modo de conclusión las características fundamentales de la sección de metales que hemos analizado. Nótese que si cambia algunos detalles podrá adaptarla a otros estilos de interpretación.

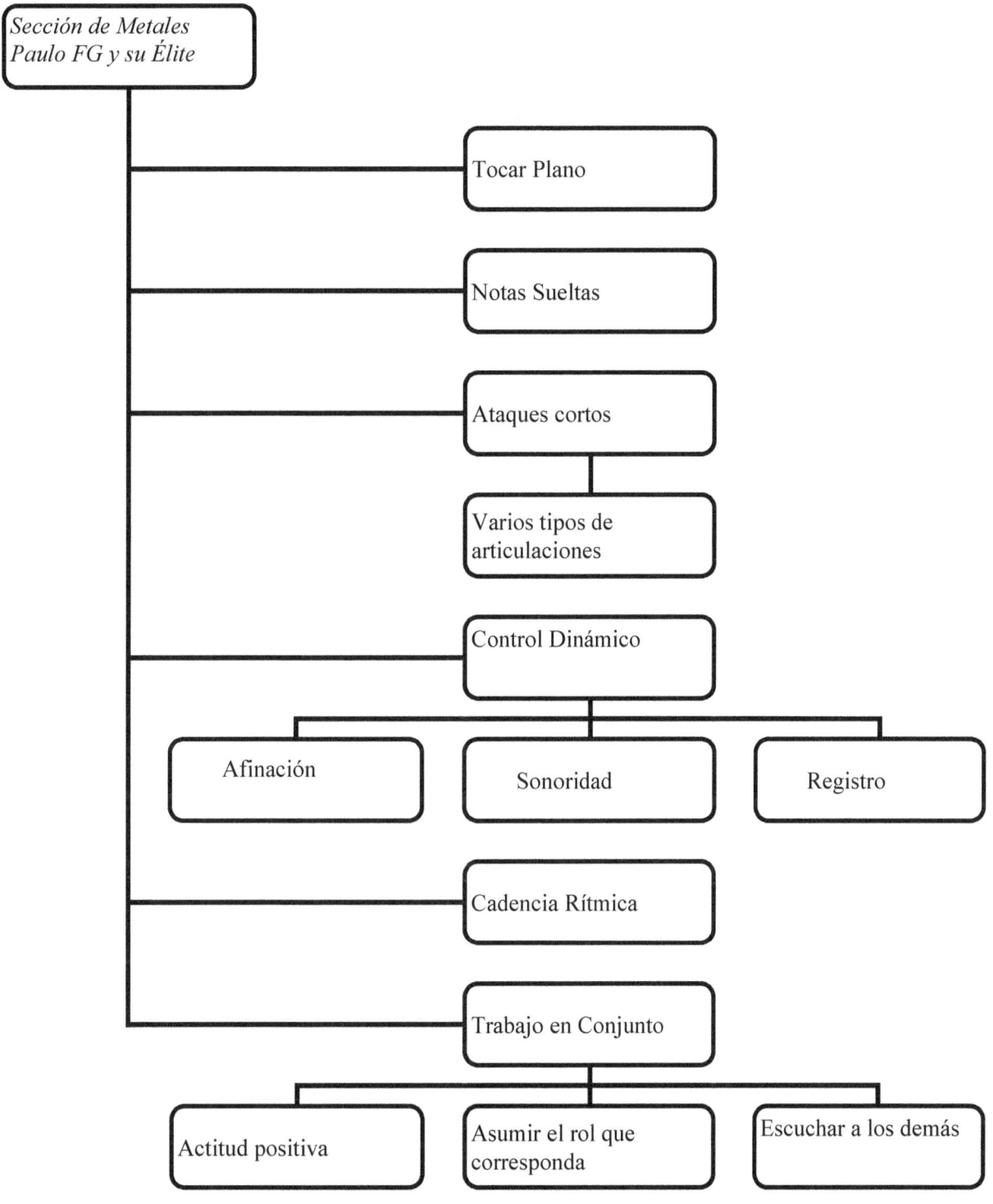

Diagrama 3.1. Características fundamentales de la sección de metales de la orquesta de Paulo FG y su Élite durante el período 1996 – 1998.

Pues bien, hasta aquí hemos llegado, espero que estas líneas le hayan resultado útiles. He compartido con usted lo aprendido durante estos años (aún queda bastante) acerca del acercamiento personal al trabajo en sección y quisiera resumirlo de la siguiente forma:

La excelencia como músico de sección se logra mediante un desarrollo técnico coordinado y constante unido a la capacidad asumir el rol que corresponda, además de escuchar a los demás con humildad y espíritu de cooperación.

Reitero lo escrito en el prefacio. Le aseguro que cada palabra aquí escrita lleva consigo el tono de una conversación distendida, franca y respetuosa, la misma que podemos tener en cualquier esquina tomando un café. De modo que si le es útil mi aportación a la enseñanza del instrumento le agradezco un mensaje, un comentario, hágalo con toda confianza.

No obstante, ya que estamos hablando desde una perspectiva latinoamericana no quisiera terminar el libro sin llamar la atención acerca del trabajo en sección desarrollado dentro del ámbito de la salsa y el merengue en los diferentes países donde se desarrollan, fundamentalmente Puerto Rico, los Estados Unidos de América y la República Dominicana. La calidad de varias orquestas y músicos en estos géneros es indiscutible y a mi juicio constituyen una fuente de conocimiento para las nuevas generaciones.

Es mi propósito animar a investigadores e instrumentistas a realizar estudios con características u objetivos similares a los de este libro pues las implicaciones teóricas de los mismos podrían ser útiles tanto para la enseñanza técnica como para la interpretación de la trompeta y otros instrumentos dentro de una sección de metales en el contexto de la música popular de cualquier país.

Intentemos extraer de nuestro entorno herramientas metodológicas útiles para los trompetistas, sobre todo para los más jóvenes. La trompeta es un instrumento noble y tan antiguo como la humanidad misma, ayudemos todos a transmitir su enseñanza a las nuevas generaciones.

ANEXOS

La trompeta en la timba (Breve Resumen)

El siguiente resumen es un fragmento extraído de mi trabajo de investigación acerca del trabajo de la sección de metales de la orquesta de Paulo FG y Su Élite (Cuba) durante el período 1996 – 1998. Debido a ello la línea de investigación histórica es muy específica y acaba en la década de los 90.

Antecedentes

La trompeta llega a Cuba desde España durante la época colonial, principalmente para ser usada en las bandas militares. Un formato que de acuerdo a Acosta (2012) tenía tal nivel de arraigo que cada cuerpo y distrito militar tenían su propia banda, a eso había que sumar las bandas municipales, las de los conservatorios, escuelas de música o asociaciones filarmónicas. Los instrumentistas de viento formados en las bandas fueron quienes nutrieron las agrupaciones de música popular desde el siglo XIX, y no solo en Cuba sino también en ciudades como New Orleans, pues según Acosta (2012) muchos músicos cubanos formados en bandas eran contratados para formar parte de orquestas norteamericanas por su capacidad de leer música. Uno de esos músicos emigrados fue el trompetista Manuel Pérez[13], quien tuvo un papel destacado en la formación del Jazz en ese país. A propósito de la importancia de las bandas de música en Cuba cito a Acosta:

Para tener una idea aproximada del peso de estas bandas en la vida musical del país, baste señalar que hemos identificado unas ochenta, sin contar las infantiles y estudiantiles, pues eran pocas las escuelas donde no hubiera por lo menos una banda de cornetas y tambores. (p.50).

También afirma que hubo trompetistas crossover[14] en Cuba desde las primeras décadas del siglo XX, por ejemplo entre (1920-1949) Pedro Mercado[15]. Desde 1950 en adelante cita a Luis Escalante[16]; Julio Cueva[17] y Marcos Urbay[18] (Audio 20). A propósito de Luis Escalante, en una entrevista para la revista ITG[19] (Mondelo, 2011: 23-27) Arturo Sandoval hace mención de Luis Escalante como una de sus más grandes influencias y le cita como ejemplo de músico versátil capaz de tocar varios géneros musicales sin perder el control sobre aspectos técnicos cruciales del instrumento. (Audio 21).

Corrientes estilísticas

Independientemente de la formación en bandas militares, escuelas de música o formación autodidacta, los trompetistas dentro del contexto de la música popular bailable en Cuba ejecutan el instrumento dentro del estilo de al menos dos corrientes estilísticas muy claras; una con raíces en el son con su estilo y lenguaje característicos y otra más cercana al Jazz y a la música norteamericana en sentido general.

---

[13] Pérez nació en La Habana, según Helio Orovio en su *Diccionario de la Música Cubana, biográfico y técnico*.

[14] Término anglosajón usado para definir la capacidad de algunos trompetistas de tocar música popular y clásica a la vez. Ej. Wynton Marsalis; Rex Richardson; Allen Vizzutti, etc.

[15] Trompeta solista de la Orq. Filarmónica de La Habana y profesor de trompeta.

[16] Guantánamo, 1915 – La Habana, 1970. Solista de la Orq. Sinfónica Nacional y de la Orq. Cubana de Música Moderna.

[17] Trinidad, 1897 – La Habana, 1975. Destacado trompetista y compositor de piezas populares. A pesar de ser citado por Acosta como instrumentista crossover el investigador no pudo encontrar ninguna otra fuente que le citase como parte de alguna formación clásica en la isla.

[18] Instrumentista y profesor de trompeta. Solista de la Orq. Filarmónica de La Habana; de la Orq. de la Radio y la TV; de la Orq. Sinfónica Nacional; de la orquesta Riverside y miembro de la orquesta del cabaret Tropicana. Fundador de la Escuela Nacional de Música (ENA) y del Instituto Superior de Música (ISA) Uno de los pilares de la formación del instrumento en la isla.

[19] International Trumpet Guild es una organización mundial de trompetistas, formada para promover la comunicación entre los trompetistas de todo el mundo y para mejorar el nivel de rendimiento artístico, la enseñanza y la literatura asociada a la trompeta.

La corriente arraigada en el Son comenzó con la inclusión de la trompeta dentro del género en la década del 20. Lázaro Herrera en el Septeto Nacional Ignacio Piñeiro y Félix Chappotín en el Sexteto Habanero. Estos músicos marcaron un estilo cubano de interpretación del instrumento que trasciende hasta nuestros días.

Un poco más tarde, desde finales de los años 30 comenzaron a aparecer los Conjuntos; este formato fue muy popular tanto en Cuba como en Latinoamérica y se constituyó en matriz instrumental (con algunos cambios que obedecieron a los contextos donde se desarrollaron) de las futuras orquestas de salsa y timba. Surgió a partir de la ampliación del antiguo septeto de son, en el mismo se incluyeron hasta cuatro trompetas, un piano y una tumbadora. Se le atribuye su invención al tresero Arsenio Rodríguez. (Audio 22).

Entre los conjuntos más populares podemos mencionar a: Conjunto Kubavana (Audio 23), Conjunto de Arsenio Rodríguez, Conjunto Casino (Audio 24), Conjunto Roberto Faz (Audio 25), Conjunto Chappotín y sus Estrellas (Audio 26), Conjunto Matancero[20] (Audio 27), Niño Rivera y su Conjunto (Audio 28), entre otros.

De acuerdo a Acosta (2012) fue en este formato donde se desarrolló el estilo cubano de la improvisación de la trompeta, el mismo que sería mezclado con el norteamericano y usado luego en el jazz latino y en la salsa, entre los intérpretes cubanos más reconocidos del mismo destacan: Alejandro Vivar, *El Negro*; Manuel Mirabal, *El Guajiro*; Alfredo Armenteros, *Chocolate*; Oscar Velasco O'Farrill, *Florecita*; Félix Chappotín, entre otros. (p.87).

Por otra parte, la corriente estilística más cercana al Jazz tiene su raíz en la isla a comienzos del siglo XX y alcanzó su mayor desarrollo en las orquestas con el formato de Big Band. Acosta (2012) nos explica que muchas de ellas tenían un repertorio mixto, interpretaban tanto música cubana como norteamericana y su finalidad siempre fue bailable. (p.69).

Dentro de esta corriente estilística no podemos dejar de mencionar el fenómeno del Mambo de la mano de Pérez Prado quien, aunque no estaba afincado de forma permanente en Cuba, tanto sus orquestaciones como el estilo y ejecución de los trompetistas sentaron cátedra en la isla. Pérez Prado tuvo en su orquesta a un gran primer trompeta, el norteamericano Louis John Valizan, y en al menos dos de sus discos al legendario Maynard Fergusson. (Audio 29).

Independientemente del surgimiento y presencia de ambas corrientes estilísticas en la interpretación de la trompeta en Cuba hubo músicos que tocaron en varios tipos de formaciones, adaptándose a los estilos según fuere el caso. Esa tendencia continúa hoy en día y como antaño responde a necesidades tanto artísticas como profesionales.

Trompetistas destacados antes de 1959

Teniendo en consideración la importancia de su legado en la interpretación de la trompeta en la música popular bailable en Cuba con anterioridad a 1959 a continuación en la tabla 1.1 mostramos algunos de los trompetistas más destacados de la etapa (con perdón de los que puedan quedar fuera de la lista) así como algunas de las agrupaciones a las que pertenecieron.

---

[20] Más tarde cambiarían su nombre a *Sonora Matancera*. Una de las agrupaciones cubanas con más éxito en Latinoamérica.

Tabla 1.1. *Trompetistas destacados antes de 1959 y las agrupaciones a las que pertenecieron. (Algunos con posterioridad a 1959).*

Trompetistas destacados antes de 1959	
Trompetistas	***Orquestas***
Lázaro Herrera	*Orquesta Hermanos Palau.*
	Septeto Nacional Ignacio Piñeiro.
Félix Chappotín	*Sexteto Habanero.*
	Conjunto de Arsenio Rodríguez.
	Chappotín y sus Estrellas.
Oscar Velasco O'Farrill, *Florecita*	*Conjunto de Arsenio Rodríguez*
Andrés Castro	*Orquesta Hermanos Castro.*
Arturo O'Farril, *Chico*	*Havana Cuban Boys.*
	Orquesta de René Touzet.
	Orquesta Tropicana.
Mario Bauzá	*Orq. Cabaret Montmartre (José A. Curbelo)*
Marcos Urbay	Solista de la *Orq. Filarmónica de La Habana.*
	Solista de la *Orq. de la Radio y la TV.*
	Orq. Sinfónica Nacional.
	Orquesta Riverside.
	Orquesta Tropicana.
Luis Escalante	Solista de la *Orq. Sinfónica Nacional.*
	Solista de la *Orq. Cubana de Música Moderna.*
	Orquesta Bellamar.
	Orquesta Hermanos Palau.
Alejandro Vivar, *El Negro*	*Conjunto Kubavana.*
	Conjunto Casino.
	Orquesta Tropicana.
	Orquesta de Bebo Valdés.
Nilo Argudín	*Orquesta Tropicana.*
	Orquesta de Bebo Valdés.
	Orquesta de Leonardo Timor.
	Teatro Musical de La Habana.
Manuel Mirabal, *El Guajiro*	*Conjunto Rumbavana.*
	Orquesta Riverside.
	Orquesta de Leonardo Timor.
	Orq. Cubana de Música Moderna.
	Orquesta Tropicana.
	Buena Vista Social Club.
Julio Cueva	*Orquesta Hermanos Palau.*
	Orquesta Moisés Simons.
	Orquesta de Don Aspiazu.
	Orquesta Montecarlo.
	Julio Cueva y Su Orquesta.

Leonardo Timor	*Orquesta Hermanos Palau.*
	La Banda Gigante de Benny Moré.
	Orquesta de Leonardo Timor (Cabaret Parisién).
	Orquesta Cubana de Música Moderna.
Alfredo Armenteros, *Chocolate*	*Conjunto de Arsenio Rodríguez.*
	Orquesta de Bebo Valdés.
	Orquesta Casino de la Playa.
	La Banda Gigante de Benny Moré.
Jorge Varona	*Orquesta Avilés.*
	Conjunto Casino.
	Orquesta de Bebo Valdés.
	Orquesta de Leonardo Timor (Cabaret Parisién).
	La Banda Gigante de Benny Moré.
	Orquesta Cubana de Música Moderna.
	Irakere.

Tabla 1.1. *Trompetistas destacados antes de 1959 y las agrupaciones a las que pertenecieron.* (Continuación).

Después de 1959 fueron varias las formaciones donde sus trompetistas mantuvieron un estilo de interpretación cercano al Jazz, sin embargo en esta ocasión solo hablaremos de aquellas que fueron las más influyentes para los músicos que formaron parte de la muestra en esta investigación. (Músicos miembros de la orquesta de Paulo FG y su Élite durante el período 1996 – 1998).

Estas fueron: la Orquesta Cubana de Música Moderna, fundada en 1967, la cual reunió a una destacada sección de trompetas formada por Luis Escalante, Manuel Mirabal, *El Guajiro,* Leonardo Timor, Andrés Castro, Jorge Varona, Adalberto Lara, *Trompetica* y más tarde Arturo Sandoval.

El grupo Irakere, fundado en 1973, con las figuras de Arturo Sandoval y Jorge Varona. Según Acosta (1979) Irakere demuestra que «Lo cubano [...] no está dado solamente por la percusión, sino también por el fraseo, el ataque y el sentido del ritmo de los solistas y por los pasajes en ensemble»[21] aspecto donde los trompetistas jugaban un papel fundamental. (Audio 30)

El grupo Afro-Cuba, fundado entre 1976 y 1978 por el saxofonista Nicolás Reinoso. Al igual que Irakere, fusionaba el Jazz con la música afrocubana y tuvo varias etapas. Los trompetistas fueron, durante su primera etapa Roberto García a quien se le uniría más tarde Edilio Caridad Montero.

Este grupo tuvo mucha popularidad en la década de los 80, destacó por la calidad de sus arreglos y por lograr una sonoridad propia. Su sección de metales logró un trabajo muy cohesionado. Uno de los trabajos del grupo citado por los entrevistados, fue el realizado como grupo base del cantautor Silvio Rodríguez. (Audio 31).

En el caso de la trompeta en la timba, la tendencia estilística interpretativa que predominó fue aquella más apegada al Jazz y a la música norteamericana. Para tocar los arreglos y orquestaciones de los años 90 los trompetistas fusionaron con elementos de música cubana la sonoridad, los recursos técnicos y el lenguaje del Jazz intentando crear una sonoridad e identidad propia de acuerdo a su formación y criterios musicales.

---

[21] Nota de comentario en el disco *Irakere,* placa que se grabó en 1979 por la disquera Columbia tras un convenio entre la CBS y la EGREM.

Durante el proceso de investigación pude intercambiar una serie de mensajes de carácter privado con el músico e investigador norteamericano Orlando Fiol. Al exponerle el propósito de mi trabajo su respuesta traía consigo un resumen muy acertado acerca de la presencia y el uso de la trompeta dentro de la música popular cubana y cito:

Para mis criterios, el papel de la trompeta en la música cubana amalgama varios géneros y épocas históricas: La corneta china[22] en la comparsas, el obligado del septeto, los diablos[23] de Arsenio, la escritura a cuerda de las jazz band (Pérez Prado, Bebo Valdés, los hermanos Castro y [hermanos] Palau, la Riverside, etc.) el estilo jazzístico de Irakere y NG., y por lo tanto los sellos de varios grupos timberos. Dentro de estas categorías amplias creo que se manifestarán los ingredientes para unir y explicar las tendencias estilísticas observables en la trompeta, como también en la cuerda de metales. Obviamente, hay que distinguir entre mambos [...] y solos improvisados. Pero aún en estas distintas categorías surgen elementos comunes: El vocabulario jazzístico de motivos cromáticos, fragmentos de la música clásica occidental [...] varios tipos de coros y cantos folklóricos, cuyas melodías y estructuras permean la creación de mambos memorables y pegajosos. (Fiol, O, comunicación personal, 15 de Diciembre del 2014).

Trompetistas destacados de la timba

En sentido general las características más comunes que tenían los trompetistas en la timba eran buena calidad de sonido, registro amplio, precisión en los ataques, afinación estable, resistencia física de la embocadura, y en la medida de lo posible la habilidad de improvisar.

A continuación mostramos la tabla 1.2 donde se incluyen algunos de los nombres de los trompetistas de timba más destacados (con perdón de los que puedan quedar fuera de la lista) desde finales de los años ochenta y durante toda la década de los noventa del siglo pasado, así como algunas de las orquestas a las que pertenecieron. Los nombres están agrupados en un orden cronológicamente aproximado.

Tabla 1.2. *Trompetistas destacados de la timba*

Trompetistas Destacados de la Timba	
Nombre	*Orquesta(s)*
Juan Munguía	*Irakere.*
	Nueva Generación.
	NG La Banda.
	Isaac Delgado.
Elpidio Chapottín	*Solista de la Orq. de la Radio y la Televisión.*
	NG La Banda.
José Miguel Crego, *El Greco*	*Irakere.*
	Nueva Generación.
	NG La Banda.
Manuel Machado	*Irakere.*
	Opus 13.
	Raíces Nuevas.

---

[22] Se refiere a la *suona* un aerófono de lengüeta doble usado en la música tradicional china que no pertenece a la familia de viento metal. Fue importado a Cuba por emigrantes chinos en el siglo XIX.
[23] Arsenio Rodríguez creo el concepto del actual mambo de metales al que llamaba "diablos" reemplazando el solo de trompeta del septeto por frases cortas y repetitivas interpretadas por todas las trompetas en el montuno.

Carlos Betancourt, El Bola	*Opus 13.* *Paulo FG y su Elite.* *Isaac Delgado.*
Frank Padrón, Bayoya	*Opus 13.* *Paulo FG y su Elite.*
Fernando Hurtado	*Isaac Delgado.*
Orlando Barreda, *Batanga*	*Isaac Delgado.* *Grupo Íreme.*
Luis Eric González	*Paulo FG y su Elite.*
Carmelo André	*Paulo FG y su Elite.* *La Charanga Habanera.*
Alexander Abreu	*Paulo FG y su Elite.* *Isaac Delgado.* *Havana D'Primera.*
Igort Rivas	*Rojitas y su Orquesta.* *Paulo FG y su Elite.*
Rolando Marrón Leyva	*Rojitas y su Orquesta.* *Isaac Delgado.*
Miguel Valdés	*Giraldo Piloto & Klimax.*
Yaure Muñiz	*Giraldo Piloto & Klimax.*
Osmil Monzón	*La Charanga Habanera.*
William Polledo	*Manolín El Médico de la Salsa.*
Dileyvis Romero, *El Niche*	*Manolín El Médico de la Salsa.*
Juan Carlos González, Chocolate	*Bamboleo.*

Hoy en día la trompeta sigue siendo un instrumento protagonista en la música cubana, sin embargo, en sentido general la música bailable en la isla ha experimentado un giro hacia propuestas musicales más cercanas al reggaeton[24], debido a esto y en la búsqueda de fórmulas comerciales algunas orquestas han abandonado el discurso y la complejidad musical que un día les caracterizó. Una de las consecuencias de esta situación es que las nuevas generaciones de trompetistas no tienen las mismas posibilidades de trabajo y por lo tanto de desarrollo como instrumentistas de sección.

No estoy afirmando con ello que la interpretación del instrumento dentro del contexto de la música bailable en la isla esté pasando por una crisis irreversible. La música popular cubana siempre ha logrado evolucionar debido a su autenticidad, su fortaleza radica en plasmar la realidad de su entorno y estos años no han sido una excepción pues en plena crisis han surgido una serie de orquestas como, Will Campa y La Gran Unión, El Niño y la Verdad, Mónika Mesa y su Máquina Perfecta, La orquesta de Mayito Rivera, entre otras.

Mención aparte merece el proyecto de Alexander Abreu y Havana D'Primera, cuya propuesta musical parte de lo conocido hacia nuevas sonoridades sin renunciar a la calidad como meta y volviendo a fusionar lo foráneo con lo cubano sin que prime lo primero sobre lo segundo. En esta formación se pueden apreciar muchas de las características de la música popular bailable en Cuba desde comienzos del siglo XX hasta hoy, resultando en una sonoridad única, actual y con un alto nivel de ejecución. (Audio 32).

---

[24] Género musical bailable de origen Caribeño y Centroamericano.

Relación de entrevistados para el trabajo de investigación:

Los criterios utilizados para la selección de los entrevistados se basaron en:

- La importancia de su trabajo en la orquesta de Paulo FG durante el período investigado.

- La trascendencia e influencia de dicho trabajo en generaciones posteriores.

- El uso que le han dado en sus carreras a lo aprendido durante su paso por la orquesta.

- El grado de relación laboral con Ceruto fuera de la orquesta y/o influencias de su trabajo.

Se entrevistaron un total de nueve músicos, cinco de ellos trompetistas, tres trombonistas y un flautista/saxofonista. La relación de ellos está recogida en las tablas 1.3 y 1.4 donde se especifican el nombre, el instrumento, el período en el que pertenecieron a la orquesta y la fecha de la entrevista.

Tabla 1.3. *Entrevistados miembros de la orquesta*

Entrevistados Miembros de la Orquesta			
Nombre	*Instrumento*	*Periodo*[25]	*Fecha de entrevista*
Luis Eric González	Trompeta	1992	05/05/2015.
Carmelo André Llánez	Trompeta	1992 - 1997	04/11/2014.
Igort Rivas Comas	Trompeta	1994, 1996-1998.	15/09/2014.
Alexander Abreu Manresa	Trompeta	1994 - 2000	17/11/2014.
Carlos Pérez	Trombón	1998 - 2000	04/09/2014.
Julio Montalvo	Trombón	1993 - 1998	20/08/2014.
Juan Manuel Ceruto	Saxo Tenor/Flauta/ Arreglos y Dirección Musical	1992 - 1999	15/11/2014.

Tabla 1.4. *Entrevistados ajenos a la orquesta*

Entrevistados Ajenos a la Orquesta		
Nombre	*Instrumento*	*Fecha de entrevista*
Amaury Pérez Rodríguez	Trombón	01/12/2014.
Luis Márquez, *Papo*	Trompeta	05/12/2014.

---

[25] Período en el que los entrevistados tocaron con la orquesta de Paulo FG

Imágenes

Para evitar posibles conflictos sobre derechos de imagen he optado por anexar aquellas cedidas por sus dueños así como otras de mi propiedad. Al respecto agradezco a Yoel Páez González (ex baterista de Paulo FG y Su Élite y actual profesor de Berklee Valencia) por ceder imágenes de su colección para este libro.

Imagen 1.1. Con Paulo FG. Hotel Atlantis. Bahamas. Circa 2002

Imagen 1.2. De izq. a derecha: Juan Manuel Ceruto, Carmelo André, Miguel Angá Díaz, Yoel Páez González, Nápoles, Yosbel Bernal Pina y Alexander Abreu Manresa. Circa 1994

Imagen 1.3. De Izquierda a derecha: Alexander Abreu Manresa, Igort Rivas Comas, Yosbel Bernal Pina y Yoel Páez González. 1997

Imagen 1.4. De Izquierda a derecha: Frank *Bayoya* Padrón, Yoel Páez González, Luis *Coqui* Chacón y Julio Montalvo. Cancún, México 1994

Imagen 1.5. De izquierda a derecha: Amaury Pérez R. Inoidel González, Mario Lonbida, Orestes Machado, Alexander Abreu, Carlos Pérez y José de la Caridad Picayo. *Pavarotti and Friends*. Módena, Italia. 2002

Imagen 1.7 Con Carmelo André. Auditorio Nacional de México. Circa 2001

Imagen 1.8. Con Alexander Abreu durante la entrevista para el trabajo de investigación. La Habana, Cuba. 2014

Imagen 1.9. Con Juan Manuel Ceruto tras la entrevista para el trabajo de investigación. La Habana, Cuba. 2014

Audio de referencia (Disponibles en Red y en la página web https://brasstactic.wordpress.com/).

Listado de temas

01: Conjunto Casino. *Timba, Timbero.*
02: Dámaso Pérez Prado. *Timba Timba.*
03: Montuno de salsa.
04: Montuno de timba.
05: Patrón de timba en la batería.
06: Juan Formell y Los Van Van. *Chirrín Chirrán* (Songo).
07: Los Van Van. *Esto te pone la cabeza mala.*
08: NG La Banda. *Murakami's Mambo.*
09: Charanga Habanera. *Mi estrella.*
10: Isaac Delgado. *Amor Sin Ética.*
11: Manolín El Médico De La Salsa. *Una Aventura Loca.*
12: Giraldo Piloto & Klimax. *Juego de Manos.*
13: Bamboleo. *Ya No Hace Falta.*
14: Opus 13. *Reclamo por tu Cuerpo.* (Canta Paulo FG).
15: Paulo FG. *Entre Dos Amigos.*
16: Los Muñequitos de Matanzas. *Ta'Julián.*
17: Brasstactic Long Tones.
18: Augusto Enríquez y su Mambo Band. La Bolita. *Los Feos Pa'la Cocina.*
19: Augusto Enríquez y su Mambo Band. La Bolita. *Rumberos de Belén.*
20 Orquesta Riverside. *Ritmando Cha Cha Cha.* (Marcos Urbay 1er tromp.)
21 Orquesta Cubana de Música Moderna. *The Man I Love.* Luis Escalante.
22 Conjunto de Arsenio Rodríguez. *Dile a Catalina.*
23 Conjunto Kubavana De Alberto Ruiz. *Corta El Bonche.*
24 Conjunto Casino. *Aquí Está.*
25 Roberto Faz y Su Conjunto. *Píntale los Labios María.*
26 Chappottín y sus Estrellas. *Ñico Cadenón.*
27 Daniel Santos y La Sonora Matancera. *Y Qué Mi Socio* (1950).
28 Niño Rivera Y Su Conjunto (1949) *Cubibop.*
29 Pérez Prado. Havana 3 AM. *La Comparsa.*
30 Irakere. *Juana 1600.*
31: Silvio Rodríguez y Afrocuba. *Cuando Yo Era Un Enano.*
32: Alexander Abreu & Havana D'Primera. *El Juego de la Vida.*

Ejemplos de acompañamiento rítmico

1.0. Efecto o Bloque.
1.1. Marcha.
1.2. Marcha Arriba.
1.3. Mambo.
1.4. Marcha de Mambo.
1.5. Cortar Mambo y Coro.
1.6. Pedal.
1.7. Songo con Efectos.
1.8. Bomba.
1.9. Bajar la Banda.

REFERENCIAS BIBLIOGRÁFICAS

Libros

ACOSTA, L. (2012). *Un siglo de Jazz en Cuba*. La Habana: Ediciones Museo de la Música.

GIRO, R. (2007). *Música Popular Cubana*. La Habana: Editorial José Martí.

MARRERO, G. c. (2005). *Los Campeones del Ritmo, Memorias del Conjunto Casino*. La Habana. CidMuc.

MOORE, K. (2010). *Beyond Salsa Piano. The Cuban Timba Piano Revolution*. Santa Cruz. California.

MOORE, K. (2012). *Beyond Salsa for Ensemble. A guide to the modern Cuban Rhythm Section*. Santa Cruz. California.

OROVIO, H. (1998) *Diccionario de la Música Cubana, biográfico y técnico*. La Habana, Editorial Letras Cubanas.

Artículos de revistas y capítulos de libros

ACOSTA LLERENA, O. (1999). «Un Cortés Luchador» En *Mamá, yo quiero saber…entrevistas a músicos cubanos*. 91-98. La Habana: Editorial Letras Cubanas.

ACOSTA, L. (1998). «La timba y sus antecedentes en la música bailable cubana» *Salsa Cubana*. Año 2, (6), 9-11.

MONDELO, N. (2011). «A Time for Excellence – An Interview with Arturo Sandoval» *ITG Journal*. Vol. 35 (4), 23-27.

Recursos electrónicos

AQUINO, L. (2010). La importancia del 2da trompeta. Consultado el 10 de Agosto del 2015, recuperado de: <http://luisaquino.com/es/la-importancia-del-2da-trompeta/>

FROELICHER, P. (2005). "Somos Cubanos!" – Timba cubana and the construction of nacional identity in Cuban popular music. *Trans. Revista Transcultural de Música*. (9) Diciembre, 2005. [Versión electrónica] Consultado el 15 de Octubre del 2014, recuperado de:
<http://www.sibetrans.com/trans/articulo/167/somos-cubanos-timba-cubana-and-the-construction-of-national-identity-in-cuban-popular-music>

GARCÍA QUIÑONES, M. (2005). Reseña de *"Timba: The Sound of the Cuban Crisis"* de Vincenzo Perna. *Trans. Revista Transcultural de Música*. (9) Diciembre, 2005. [Versión electrónica] Consultado el 10 de Diciembre del 2014, recuperado de: <http://www.redalyc.org/pdf/822/82200919.pdf>

GONZÁLEZ, N & CASANELLA, L. (2002). La Timba Cubana. Apuntes sobre un Intergénero Contemporáneo. Revista *La Jiribilla* [Versión electrónica] Consultado el 16 de Octubre de 2014, recuperado de: <http://www.lajiribilla.cu/2002/n76_octubre/1785_76.html>

MOORE, K. (2011) Timba Gears "Reeling' In The Gears". Consultado el 20 de Diciembre del 2014, recuperado de:
<http://www.timba.com/artist_pages/17>

SÁNCHEZ FUARROS, I. (2005). ¡Rumbero, ven a la timba! La timba como espacio de apropiaciones múltiples. *Revista Aragonesa de Musicología.* Publicación núm. 2.572. 2005. [Versión electrónica] Consultado el 12 de Diciembre del 2014, recuperado de:
<http://ifc.dpz.es/recursos/publicaciones/24/21/_ebook.pdf>

SERRANO, M. (2001). The True History of La Charanga Habanera, Part One. Entrevista a Juan Carlos González. Consultado el 10 de Abril del 2015, recuperado de:
<http://www.timba.com/artist_pages/211>

SHEW, B. Playing Lead Trumpet in the Big Band Setting. Consultado el 8 de Agosto del 2015, recuperado de:
< http://www.bobbyshew.com/main.html?pgid=7&art_artcl_id=11 >

www.ingramcontent.com/pod-product-compliance
Lightning Source LLC
Chambersburg PA
CBHW080739230426
43665CB00020B/2789